2025 中财传媒版
年度全国会计专业技术资格考试辅导系列丛书 · 注定会赢®

经济法基础
全真模拟试题

财政部中国财经出版传媒集团　组织编写

中国财经出版传媒集团
经济科学出版社
·北京·

图书在版编目（CIP）数据

经济法基础全真模拟试题／财政部中国财经出版传媒集团组织编写. -- 北京 ： 经济科学出版社，2024.
12. -- （中财传媒版 2025 年度全国会计专业技术资格考试辅导系列丛书). -- ISBN 978 - 7 - 5218 - 6537 - 0

Ⅰ. D922. 290. 4

中国国家版本馆 CIP 数据核字第 2024JJ0840 号

责任校对：李　建
责任印制：张佳裕　邱　天

经济法基础全真模拟试题

JINGJIFA JICHU QUANZHEN MONI SHITI

财政部中国财经出版传媒集团　组织编写

经济科学出版社出版、发行　新华书店经销

社址：北京市海淀区阜成路甲 28 号　邮编：100142

总编部电话：010 - 88191217　发行部电话：010 - 88191522

天猫网店：经济科学出版社旗舰店

网址：http：//jjkxcbs. tmall. com

北京季蜂印刷有限公司印装

787×1092　16 开　9. 5 印张　210000 字

2024 年 12 月第 1 版　2024 年 12 月第 1 次印刷

ISBN 978 - 7 - 5218 - 6537 - 0　定价：38. 00 元

（图书出现印装问题，本社负责调换。电话：010 - 88191545）

（打击盗版举报热线：010 - 88191661，QQ：2242791300）

前　　言

　　2025 年度全国会计专业技术初级资格考试大纲已经公布，辅导教材也已正式出版发行。与 2024 年度相比，新考试大纲及辅导教材的内容都有所变化。为了帮助考生准确理解和掌握新大纲和新教材的内容、顺利通过考试，中国财经出版传媒集团本着为广大考生服务的态度，严格按照新大纲和新教材内容，组织编写了中财传媒版 2025 年度全国会计专业技术资格考试辅导"注定会赢"系列丛书。

　　该系列丛书包含 5 个子系列，共 9 本图书，具有重点把握精准、难点分析到位、题型题量丰富、模拟演练逼真等特点。本书属于"全真模拟试题"子系列，包括 8 套试题，其题型、题量及难易程度均依照 2024 年度全国会计专业技术初级资格考试真题设计，每套试题附有参考答案、解析及依据，帮助考生增强应考冲刺能力。

　　中国财经出版传媒集团旗下"中财云知"App 为购买本书的考生提供线上增值服务。考生使用微信扫描封面下方的防伪码并激活下载 App 后，可免费享有课程讲解、题库练习、学习答疑、每日一练等增值服务。

　　全国会计专业技术资格考试是我国评价选拔会计人才、促进会计人员成长的重要渠道，是中国式现代化人才战略的重要组成部分。希望广大考生在认真学习教材内容的基础上，结合本丛书准确理解和全面掌握应试知识点内容，顺利通过 2025 年会计资格考试，在会计事业发展中不断取得更大进步，为中国式现代化建设贡献更多力量！

　　书中如有疏漏和不当之处，敬请批评指正。

财政部中国财经出版传媒集团

2024 年 12 月

目　录

2025 年度初级资格考试
《经济法基础》全真模拟试题（一）

一、单项选择题（本类题共 23 小题，每小题 2 分，共 46 分。每小题备选答案中，只有一个符合题意的正确答案。错选、不选均不得分。）

1. 甲公司和李某签订旅客运输合同，合同金额 500 元，法律关系客体是（ ）。
   - A. 甲公司
   - B. 李某
   - C. 运送旅客的行为
   - D. 500 元钱

2. 根据民事法律制度的规定，下列组织中，属于非营利法人的是（ ）。
   - A. 基金会
   - B. 全民所有制企业
   - C. 个人独资企业
   - D. 有限责任公司

3. 根据《会计法》的规定，在民族自治地方，会计记录应当使用的文字是（ ）。
   - A. 中文
   - B. 中文和外文
   - C. 中文和民族文字
   - D. 由各单位根据业务需要自行选择

4. 根据支付结算法律制度的规定，关于存款人基本存款账户的下列表述中，不正确的是（ ）。
   - A. 撤销银行结算账户时应先撤销基本存款账户
   - B. 一个单位只能开立一个基本存款账户
   - C. 单位设立的独立核算的附属机构可以开立基本存款账户
   - D. 基本存款账户可以办理现金支取业务

5. 李某因采购货物签发一张票据给张某，孙某从张某处窃取该票据，王某明知孙某系窃取所得但仍受让该票据，并将其赠与不知情的赵某，下列取得票据的当事人中，享有票据权利的是（ ）。
   - A. 赵某
   - B. 孙某
   - C. 王某
   - D. 张某

6. 纳税人取得的下列收入，不征收增值税的是（ ）。

    A. 存款利息   B. 房屋租赁费

    C. 互联网接入服务   D. 有线电视安装费

7. 某大型国有商场 2024 年 12 月应缴纳增值税 260 000 元，实际缴纳增值税 200 000 元；实际缴纳消费税 100 000 元。该商场当月应缴纳的教育费附加与地方教育附加共计为（　　）元。

    A. 15 000   B. 9 000

    C. 100 000   D. 25 000

8. 关于小规模纳税人缴纳增值税，下列说法正确的是（　　）。

    A. 销售自己使用过的不动产，3% 征收率减按 2% 计算缴纳增值税

    B. 提供建筑服务，以取得的全部价款和价外费用为销售额，按照 3% 征收率计算缴纳增值税，不得扣除分包款

    C. 出租不动产按照 5% 征收率计算缴纳增值税（不含个人出租住房）

    D. 销售使用过的固定资产以外的物品，按 3% 征收率减按 2% 计算缴纳增值税

9. 某地板公司生产各种实木地板，2025 年 3 月，领用上月外购的地板继续加工成豪华实木地板，销售给某外贸企业 300 箱，开具的专票上注明的销售额为 240 万元；装修办公楼使用自产的豪华实木地板 200 箱，已知上月外购实木地板 500 箱，取得专票注明价款 300 万元，本月生产领用 80%。该地板公司应缴消费税（　　）万元。（消费税税率 5%）

    A. 5   B. 20

    C. 4.5   D. 8

10. 2024 年甲公司因资金紧张，向银行贷款 600 万元，支付利息 30 万元。同时甲公司向乙公司贷款 600 万元，支付利息 70 万元。甲公司发生的利息费用可以税前扣除的金额是（　　）万元。

    A. 70   B. 100

    C. 30   D. 60

11. 根据企业所得税法律制度的规定，确定企业所得税应纳税额时不得扣除的项目是（　　）。

    A. 不超过标准的广告费   B. 不超过标准的业务招待费

    C. 不超过标准的补充医疗保险费   D. 不超过标准的赞助费

12. 田某为境内一名作家，2024 年 10 月田某所写的一本散文集出版，取得稿酬所得 80 000 元。田某该笔稿酬所得应预扣预缴的个人所得税税额为（　　）。

    A. 80 000 × (1 − 20%) × 70% × 30% − 2 000 = 11 440（元）

    B. 80 000 × (1 − 20%) × 70% × 20% = 8 960（元）

    C. 80 000 × (1 − 20%) × 20% = 12 800（元）

    D. (80 000 − 800) × 70% × 20% = 11 088（元）

13. 根据个人所得税法律制度的规定，下列各项中，不属于专项扣除的是（　　）。

　　A. 个人购买符合国家规定的商业健康保险

　　B. 个人缴付符合国家规定的失业保险

　　C. 个人缴付符合国家规定的基本医疗保险

　　D. 个人缴付符合国家规定的基本养老保险

14. 关于房产税纳税人的下列表述中，不符合法律制度规定的是（　　）。

　　A. 房屋出租的，承租人为纳税人

　　B. 房屋产权所有人不在房产所在地的，房产代管人或使用人为纳税人

　　C. 房屋产权属于国家的，其经营管理单位为纳税人

　　D. 房屋产权未确定的，房产代管人或使用人为纳税人

15. 下列关于房地产开发费用的说法中，不正确的是（　　）。

　　A. 房地产开发费用，是指与房地产开发项目有关的销售费用、管理费用和财务费用

　　B. 销售费用、管理费用和财务费用这三项费用作为期间费用，按照实际发生额直接计入当期损益

　　C. 与转让房地产有关的税金，仅是指在转让房地产时缴纳的城市维护建设税

　　D. 因转让房地产缴纳的教育费附加，也可视同税金予以扣除

16. 旧房及建筑物的转让中，其重置成本价由（　　）评定。

　　A. 土地管理局　　　　　　　　　　B. 房管局

　　C. 房地产评估机构　　　　　　　　D. 资产评估事务所

17. 2024 年 7 月，甲公司开发住宅社区，经批准共占用耕地 180 000 平方米，其中 1 000 平方米兴建幼儿园，7 000 平方米修建学校。已知耕地占用税适用税率为 30 元/平方米，则计算甲公司应缴纳耕地占用税税额的下列算式中，正确的是（　　）。

　　A. $180\,000 \times 30 = 5\,400\,000$（元）

　　B. $(180\,000 - 1\,000 - 7\,000) \times 30 = 5\,160\,000$（元）

　　C. $(180\,000 - 7\,000) \times 30 = 5\,190\,000$（元）

　　D. $(180\,000 - 1\,000) \times 30 = 5\,370\,000$（元）

18. 2024 年 7 月，甲公司购进净吨位 1 100 吨的拖船 1 艘。已知机动船舶车船税适用年基准税额为每吨 4 元，计算甲公司 2024 年度该艘拖船应缴纳车船税税额的下列算式中，正确的是（　　）。

　　A. $1\,100 \times 4 = 4\,400$（元）

　　B. $1\,100 \times 4 \div 12 \times 6 = 2\,200$（元）

　　C. $1\,100 \times 4 \times 50\% = 2\,200$（元）

　　D. $1\,100 \times 4 \times 50\% \div 12 \times 6 = 1\,100$（元）

19. 根据税收征收管理法律制度的规定，下列主体中，属于重大税收违法失信主体的是（　　）。

　　A. 虚开增值税普通发票 50 份的

　　B. 虚开增值税普通发票 200 万元的

C. 税务代理人违法造成纳税人少缴税款 50 万元的

D. 骗取国家出口退税款的

20. 2025 年 3 月，税务机关通过调查，发现某蛋糕店的纳税申报表上有弄虚作假的情形，则税务机关可以采取的税款征收措施是（　　）。

A. 核定其应纳税额
B. 责令其缴纳税款
C. 责令提供纳税担保
D. 采取税收保全措施

21. 下列关于税务行政复议审理和决定的说法中，不正确的是（　　）。

A. 审理重大、疑难、复杂的案件应当组织听证
B. 复议机关审理税务行政复议案件，应当由 3 名以上行政复议工作人员参加
C. 申请人请求听证的，复议机构可以组织听证
D. 行政复议决定书一经送达，即发生法律效力

22. 根据社会保险法律制度的规定，下列关于劳动能力鉴定的说法错误的是（　　）。

A. 生活自理障碍分为三个等级
B. 劳动能力鉴定是指劳动功能障碍程度和生活自理障碍程度的等级鉴定
C. 劳动功能障碍分为十个伤残等级，最重的为十级，最轻的为一级
D. 劳动能力鉴定标准由国务院社会保险行政部门会同国务院卫生行政部门等部门制定

23. 根据劳动合同法律制度的规定，用工单位应当严格控制劳务派遣用工数量，使用的被派遣劳动者数量不得超过其用工总量的一定比例，该比例为（　　）。

A. 10%　　　　　B. 15%　　　　　C. 20%　　　　　D. 30%

二、多项选择题（本类题共 10 小题，每小题 2 分，共 20 分。每小题备选答案中，有两个或两个以上符合题意的正确答案。请至少选择两个答案，全部选对得满分，少选得相应分值，多选、错选、不选均不得分。）

1. 下列关于解决法的效力冲突的特殊方式的表述中，正确的有（　　）。

A. 行政法规之间对同一事项的新的一般规定与旧的特别规定不一致，不能确定如何适用时，由国务院裁决
B. 同一机关制定的新的一般规定与旧的特别规定不一致时，由制定机关裁决
C. 部门规章与地方政府规章之间对同一事项的规定不一致时，由国务院裁决
D. 地方性法规与部门规章之间对同一事项的规定不一致，不能确定如何适用时，由国务院提出意见，国务院认为应当适用部门规章的，适用部门规章

2. 下列关于原始凭证的要求中，正确的有（　　）。

A. 购买实物的原始凭证，必须有验收证明
B. 对外开出的原始凭证，必须加盖对方单位的公章
C. 大写与小写金额必须相符
D. 支付款项的原始凭证，必须有付款单位和付款人的付款证明

3. 根据支付结算法律制度的规定，汇款人、收款人均在银行开立存款账户的，汇款人签发汇兑凭证必须记载的事项有（　　）。

A. 汇款人名称及账号

B. 收款人名称及账号

C. 汇入银行名称

D. 确定的金额

4. 根据支付结算法律制度的规定，关于银行卡持卡人提取现金的下列表述中，正确的有（　　）。

A. 贷记卡持卡人与发卡机构协议约定通过银行柜面提取现金限额

B. 贷记卡持卡人提取现金可享受免息还款期和最低还款额待遇

C. 信用卡持卡人在 ATM 机等自助机具每卡每日累计提取现金不得超过 1 万元人民币

D. 借记卡持卡人在 ATM 机等自助机具每卡每日累计提取现金不得超过 2 万元人民币

5. 下列各项中，属于《营业税改征增值税试点实施办法》规定的免税项的有（　　）。

A. 残疾人福利机构提供的育养服务

B. 医疗机构提供的医疗服务

C. 个人转让著作权

D. 被保险人获得的保险赔付

6. 下列项目中，应按照"商务辅助服务"税目征收增值税的有（　　）。

A. 企业管理服务

B. 经纪代理服务

C. 人力资源服务

D. 安全保护服务

7. 企业发生的下列保险费支出，准予在企业所得税前列支的有（　　）。

A. 企业参加的雇主责任险支出

B. 政府规定标准的雇员补充医疗保险支出

C. 职工家庭财产保险费用支出

D. 企业厂房保险支出

8. 下列关于契税纳税义务发生时间的说法中，正确的有（　　）。

A. 不再需要办理土地、房屋权属登记的，纳税人应自纳税义务发生之日起 60 日内申报缴纳契税

B. 因改变土地性质、容积率等土地使用条件须补缴土地出让价款，应当缴纳契税的，纳税义务发生时间为改变土地使用条件当日

C. 因改变土地、房屋用途等情形应当缴纳已经减征、免征契税的，纳税义务发生时间为改变有关土地、房屋用途等情形的当日

D. 契税的纳税义务发生时间是纳税人签订土地、房屋权属转移合同的当日

9. 发票的开具，通常是由收款方向付款方开具。下列情况中，属于由付款方向收款方开具发票的有（　　）。

A. 国家税务总局认为其他需要由付款方开具发票的情况时

B. 从事生产、经营的个人购买商品支付款项时

C. 收购单位和扣缴义务人支付个人款项时

D. 从事其他经营活动的单位和个人，对外发生经营业务收取款项时

10. 下列关于劳动合同订立的表述，不正确的有（　　）。

A. 劳动者签订劳动合同必须年满16周岁，有劳动权利能力和行为能力

B. 用人单位与劳动者建立劳动关系，必须订立书面劳动合同

C. 劳动者不与用人单位订立书面劳动合同的，用人单位应当通知劳动者终止劳动关系，该通知可以采用书面形式也可以口头通知

D. 用人单位自用工之日起满1年未与劳动者订立书面劳动合同的，视为自用工之日起满1年的当日已经与劳动者订立无固定期限劳动合同

三、判断题（本类题共10小题，每小题1分，共10分。请判断每小题的表述是否正确。每小题答题正确的得1分，错答、不答均不得分，也不扣分。）

1. 根据行为的表现形式的不同，可以将法律行为分为要式行为与非要式行为。

（　　）

2. 设区的市的人民代表大会及其常务委员会可以根据本市的具体情况和实际需要，在不同宪法、法律、行政法规和本省、自治区的地方性法规相抵触的前提下，制定生态文明建设方面的地方性法规。 （　　）

3. 会计工作岗位，可以根据业务需要一岗多人。 （　　）

4. 收入汇缴账户除向其基本存款账户或预算外资金财政专用存款账户划缴款项外，只收不付，不得支取现金。 （　　）

5. 卫星电视信号落地转接服务，按照基础电信服务计算缴纳增值税。 （　　）

6. 根据个人所得税法的规定，个人取得特许权的经济赔偿收入，属于"财产转让所得"项目征收个人所得税。 （　　）

7. 购置的新车船，购置当年的应纳税额自纳税义务发生的次月起按月计算。应纳税额＝年应纳税额÷12×应纳税月份数。 （　　）

8. 房产所有人将房屋产权赠与直系亲属的行为，不征收土地增值税。 （　　）

9. 某企业为中央文化出版单位，每年能够如实地核算和提供生产经营情况，可以准确地计算应纳税额并能够认真地履行纳税义务，适用查验征收方式。 （　　）

10. 工伤职工因日常生活需要，经劳动能力鉴定委员会确认，可以配置轮椅的，所需费用可以从医疗保险基金支付。 （　　）

四、不定项选择题（本类题共12小题，每小题2分，共24分。每小题备选答案中，有一个或一个以上符合题意的正确答案，每小题全部选对得满分，少选得相应分值，多选、错选、不选均不得分。）

【第1题】

甲有限合伙企业以出售电动自行车为主业（以下简称甲企业），于2020年2月成

立，领取营业执照的当月办理了相关的税务登记；依法设置了会计账簿。2024 年 10 月甲企业兼并了以维修电动车为主业的乙合伙企业，乙合伙企业解散。

要求：根据会计法律制度的规定，不考虑其他因素，回答下列问题。

1. 甲企业兼并乙企业后业务扩大，决定设立企业会计机构，聘请甲企业经理的侄子孙某担任企业会计机构负责人。下列关于孙某担任企业会计机构负责人的表述中，正确的是（　　）。

    A. 孙某应当具有不少于 3 年的会计工作经历

    B. 孙某应当具有会计师专业技术职务资格

    C. 孙某应当大学本科毕业

    D. 孙某因与甲企业经理有亲属关系，不得担任企业会计机构负责人

2. 甲企业会计人员吴某在审核企业销售人员提交的外省住宿发票时发现金额填写有误，下列处理方式中，正确的是（　　）。

    A. 应当退回，由出具单位重开

    B. 可以用红字更正法更正

    C. 由提供发票的销售人员做出详细说明代替填写错误的发票

    D. 更正错误的金额并由提供原始发票的销售人员和会计机构负责人共同签字

3. 甲企业兼并乙合伙企业，下列有关乙合伙企业会计资料处置的表述中，正确的是（　　）。

    A. 乙合伙企业解散，企业会计资料应销毁

    B. 乙合伙企业会计资料由乙企业原合伙人保管

    C. 乙合伙企业会计资料由甲企业保管

    D. 乙合伙企业会计资料由乙合伙企业原合伙人和甲企业共同保管

4. 甲企业兼并乙企业时发现乙企业负责人让会计人员王某伪造、变造会计凭证、会计账簿，王某按照指示完成上述工作并编制了虚假财务会计报告。王某的伪造、编造会计资料的行为经查尚不构成犯罪，（　　）不得从事会计工作。

    A. 2 年内   B. 5 年内

    C. 10 年内   D. 终身

【第 2 题】

甲公司为增值税一般纳税人，主要从事家用电器的生产和销售业务，2024 年 6 月的有关经营情况如下：

（1）采用折扣方式销售一批家用电器，含增值税销售额 565 000 元，甲公司给予 9% 的折扣，销售额和折扣额在同一张发票上分别注明。采用以旧换新的方式销售一批家用电器，该批家用电器含增值税总价为 339 000 元，旧家电的收购价格为 27 120 元。

（2）购进生产用原材料取得的增值税专用发票上注明税额 41 600 元；购进货物运输服务取得的增值税专用发票上注明税额 1 800 元；购进广告服务取得的增值税电子专用发票上注明税额 6 000 元；购进餐饮服务取得的增值税普通发票上注明税额 300 元。

（3）将一辆经营用小货车拨给职工食堂专用，该辆小货车于2024年5月购入并抵扣进项税额，购入时取得的税控机动车销售统一发票上注明金额169 500元，当月净值100 000元。

（4）购入一处旧办公楼用于经营，取得增值税专用发票，甲公司当月办理房屋产权转移手续，取得不动产权证书。

已知：增值税税率13%，取得的扣税凭证均符合规定，并于当月抵扣。

要求：根据上述资料，不考虑其他因素，分析回答下列问题。

1. 计算甲公司当月销售家用电器的增值税销项税额为（　　）元。

    A. 95 030　　　　　B. 104 000　　　　　C. 98 150　　　　　D. 100 880

2. 除以旧换新与购进旧办公楼外，计算甲公司当月其他购进业务准予抵扣的进项税额为（　　）元。

    A. 49 400　　　　　B. 43 400　　　　　C. 49 700　　　　　D. 47 900

3. 甲公司小货车改变用途，不得抵扣的进项税额为（　　）元。

    A. 11 625　　　　　B. 19 590　　　　　C. 15 221　　　　　D. 13 000

4. 下列关于甲公司购进用于经营旧办公楼的当月税务处理中正确的是（　　）。

    A. 抵扣增值税进项税额　　　　　　　　B. 申报缴纳房产税

    C. 申报缴纳契税　　　　　　　　　　　D. 申报缴纳土地增值税

【第3题】

2022年12月3日，刘某到甲公司工作，12月10日双方订立了书面劳动合同。合同约定，合同期限2年（含试用期期限），试用期2个月；试用期月工资2 000元，试用期满月工资2 600元；试用期内刘某若被证明不符合录用条件，甲公司可随时通知其解除劳动合同。2023年10月，甲公司派刘某去国外接受2个月的高级技术培训，双方补充协议约定，公司支付培训费用100 000元，刘某的服务期为6年，违反服务期约定应支付违约金80 000元，培训结束后月工资提高至5 000元。刘某培训期满回国后，成为公司的技术骨干。2024年8月11日，甲公司得知刘某私下与乙公司也建立了劳动关系，遂要求刘某解除与乙公司的劳动关系，刘某拒绝并于次日离开甲公司到乙公司工作，由此给甲公司造成重大经济损失。已知：甲公司所在地月最低工资标准为1 800元。

要求：根据上述资料，分析回答下列问题。

1. 刘某与甲公司之间劳动关系建立的时间是（　　）。

    A. 2022年12月10日　　　　　　　　　B. 2023年2月3日

    C. 2022年12月3日　　　　　　　　　　D. 2023年2月10日

2. 双方在劳动合同中对试用期所作的下列约定中，符合法律规定的是（　　）。

    A. 试用期2个月

    B. 试用期内刘某若被证明不符合录用条件，甲公司可随时通知其解除劳动合同

    C. 试用期月工资2 000元

    D. 试用期包含在劳动合同期限内

3. 双方在补充协议中所作的下列约定中，符合法律规定的是（　　）。

    A. 刘某月工资提高至 5 000 元

    B. 刘某的服务期为 6 年

    C. 违约金数额不得超过 100 000 元

    D. 甲公司支付培训费用 100 000 元并与刘某约定服务期

4. 下列说法正确的是（　　）。

    A. 甲公司不需要支付经济补偿金

    B. 甲公司可以要求刘某支付违约金

    C. 甲公司可以要求刘某支付经济补偿金

    D. 刘某的行为属于违反服务期约定

2025 年度初级资格考试
《经济法基础》全真模拟试题（二）

一、单项选择题（本类题共 23 小题，每小题 2 分，共 46 分。每小题备选答案中，只有一个符合题意的正确答案。错选、不选均不得分。）

1. 下列法律事实中，属于法律行为的是（　　）。
   A. 突发地震　　　　　　　　B. 行政命令
   C. 爆发战争　　　　　　　　D. 人的出生

2. 下列法律责任形式中，属于民事责任的是（　　）。
   A. 支付违约金　　　　　　　B. 责令停产停业
   C. 没收违法所得　　　　　　D. 罚款

3. 在会计年度终了后，会计档案可由单位会计管理机构临时保管（　　）年。
   A. 1　　　　　　　　　　　　B. 2
   C. 3　　　　　　　　　　　　D. 5

4. 对所移交的会计凭证、会计账簿、会计报表和其他有关资料的合法性、真实性承担法律责任的是（　　）。
   A. 接替人员　　　　　　　　B. 会计机构负责人
   C. 移交人员　　　　　　　　D. 单位负责人

5. 根据支付结算法律制度的规定，下列关于票据背书效力的表述中，正确的是（　　）。
   A. 背书人可以将票据金额部分背书转让给被背书人
   B. 背书人可以将票据金额转让给两个被背书人
   C. 出票人记载"不得转让"字样的，票据不得背书转让
   D. 背书附有条件的，所附条件具有票据上的效力

6. 甲企业出纳人员不慎将支票丢失，向付款银行申请挂失止付，则付款银行承担支付责任的期限是（　　）。
   A. 自收到甲企业挂失止付通知书之日起 12 日内
   B. 自收到人民法院止付通知书之日起 12 日内

C. 自收到甲企业挂失止付通知书之日起 13 日内

D. 自收到人民法院止付通知书之日起 13 日内

7. 银行本票的提示付款期限最长不得超过（　　）。

A. 自票据到期日起 30 日
B. 自票据到期日起 60 日

C. 自出票日起 1 个月
D. 自出票日起 2 个月

8. 根据增值税法律制度的规定，纳税人发生应税销售行为适用免税规定的，可以放弃免税，放弃免税后在一定期限内不得再申请免税，该期限为（　　）个月。

A. 12
B. 36

C. 24
D. 18

9. 某化妆品厂为增值税一般纳税人，2025 年 4 月向某商场销售由高档化妆品和普通洗发水组成的成套产品 360 套，取得不含税收入 240 万元，其中高档化妆品收入 200 万元，普通洗发水收入 40 万元。将一批新研制的高档香水作为试用品赠送给消费者使用，该批高档香水的成本为 2 万元，成本利润率为 5%，市场没有同类高档香水的销售价格。已知高档化妆品消费税税率为 15%，该化妆品厂当月应缴纳消费税（　　）万元。

A. 60.63
B. 72.63

C. 72.9
D. 36.37

10. 根据消费税法律制度的规定，下列各项中，不属于消费税纳税义务人的是（　　）。

A. 进口小汽车的外贸企业
B. 受托加工卷烟的企业

C. 零售金银首饰的商场
D. 生产销售高档化妆品的生产企业

11. 根据企业所得税法律制度的规定，企业在计算应纳税所得额时，下列支出可以税前扣除的是（　　）。

A. 税收滞纳金
B. 企业所得税税款

C. 赞助支出
D. 产品成本

12. 甲公司为一家车床生产企业，2024 年 1 月因业务发展需要与农业银行借款 200 万元，期限半年，年利率 8%；5 月又向其供应商借款 400 万元，期限半年，支付利息 20 万元，上述借款均用于经营周转，该企业无其他借款，根据企业所得税法律制度的规定，该企业当年可以在所得税前扣除的利息费用为（　　）万元。

A. 24
B. 28

C. 20
D. 36

13. 2024 年，保险公司 A 为种植业、养殖业提供保险业务取得的保费收入为 100 万元。保险公司 A 在 2024 年取得的上述 100 万元保费收入，在计算企业所得税应纳税所得额时，应按（　　）万元计入收入总额。

A. 100
B. 80

C. 50
D. 90

14. 根据个人所得税法律制度的相关规定，下列各项中，按年计征个人所得税的是（　　）。

    A. 非居民个人的劳务报酬所得

    B. 财产租赁所得

    C. 经营所得

    D. 财产转让所得

15. 李某参加某商场在五一劳动节举办的有奖知识竞赛活动并取得第一名，获得奖金 5 000 元，李某缴纳报名费 800 元，则李某需要缴纳的个人所得税是（　　）。

    A. 0

    B. $5\,000\times(1-20\%)\times20\%=800$（元）

    C. $5\,000\times20\%=1\,000$（元）

    D. $(5\,000-800)\times20\%=840$（元）

16. 2024 年 10 月，甲公司进口一辆小汽车自用，关税计税价格为 60 万元，甲公司向海关缴纳关税 15 万元、增值税 13 万元、消费税 25 万元。已知，车辆购置税税率为 10%。甲公司进口自用小汽车应缴纳车辆购置税税额为（　　）万元。

    A. 8.8　　　　　　　　　　　　B. 11.3

    C. 7.5　　　　　　　　　　　　D. 10

17. 2024 年甲公司房产原值 8 000 万元，已提折旧 2 000 万元。已知房产税从价计征税率为 1.2%，房产原值的扣除比例为 30%，计算甲公司 2024 年应缴纳房产税税额的下列算式中，正确的是（　　）。

    A. $8\,000\times1.2\%=96$（万元）

    B. $(8\,000-2\,000)\times(1-30\%)\times1.2\%=50.4$（万元）

    C. $8\,000\times(1-30\%)\times1.2\%=67.2$（万元）

    D. $(8\,000-2\,000)\times1.2\%=72$（万元）

18. 根据城镇土地使用税法律制度的规定，下列城市用地中，不属于城镇土地使用税免税项目的是（　　）。

    A. 公园自用的土地　　　　　　B. 市政街道公共用地

    C. 国家机关自用的土地　　　　D. 民航机场绿化用地

19. 下列关于城镇土地使用税税收优惠的特殊规定的说法中，正确的是（　　）。

    A. 为避免对一块土地同时征收耕地占用税和城镇土地使用税，凡是缴纳了耕地占用税的，从批准征用之日起满半年后征收城镇土地使用税

    B. 对纳税单位无偿使用免税单位的土地，不征收城镇土地使用税

    C. 对于各类危险品仓库、厂房所需的防火、防爆、防毒等安全防范用地，可由各省、自治区、直辖市税务局确定，暂免征收城镇土地使用税

    D. 地质勘探、钻井、井下作业、油气田地面工程等施工临时用地，照常征收城镇土地使用税

20. 张某因税务违法行为被 E 市 F 县税务局处以罚款，逾期未缴纳罚款又被 F 县税务局加处罚款。张某对罚款和加处罚款的决定均不服，欲申请行政复议。下列机关中，

有权受理该税务行政复议申请的是（　　）。

    A. E 市税务局   B. F 县税务局

    C. F 县人民政府   D. E 市人民政府

21. 下列关于纳税保证的说法中，正确的是（　　）。

    A. 纳税保证须经纳税人认可后，保证成立

    B. 纳税保证为连带责任保证，纳税人和纳税保证人对所担保的税款承担连带责任

    C. 纳税保证自纳税人签字盖章之日起生效

    D. 纳税保证期间内税务机关未通知纳税保证人缴纳税款及滞纳金以承担担保责任的，纳税保证人免除担保责任

22. 根据社会保险法律制度的规定，用人单位应当自用工之日起（　　）日内为其职工向社会保险经办机构申请办理社会保险登记。

    A. 60   B. 30

    C. 45   D. 90

23. 甲工厂职工张某因违规操作给工厂造成了 20 000 元的经济损失。甲工厂按照劳动合同的约定要求张某进行赔偿，每月从其工资中扣除。已知，张某的月工资为 4 800 元，甲工厂所在地月最低工资标准为 2 200 元。甲工厂每月可从张某工资中扣除的最高限额为（　　）元。

    A. 440   B. 960

    C. 2 600   D. 4 800

二、多项选择题（本类题共 10 小题，每小题 2 分，共 20 分。每小题备选答案中，有两个或两个以上符合题意的正确答案。请至少选择两个答案，全部选对得满分，少选得相应分值，多选、错选、不选均不得分。）

1. 下列选项中，属于附加刑的有（　　）。

    A. 罚款   B. 剥夺政治权利

    C. 驱逐出境   D. 没收财产

2. 下列各项中，属于法律渊源的有（　　）。

    A. 国际条约

    B. 法院判决书

    C. 自治区单行条例

    D. 中国人民银行制定的部门规章

3. 下列各项中，属于财产清查制度内容的有（　　）。

    A. 财产清查的范围

    B. 财产清查的组织

    C. 财产清查的期限和方法

    D. 对财产管理人员的奖惩办法

4. 根据支付结算法律制度的规定，下列各项中属于银行本票必须记载事项的有（　　）。

　　A. 出票人签章　　　　　　　　　B. 出票日期

　　C. 收款人名称　　　　　　　　　D. 确定的金额

5. 下列行为中，应视同销售货物征收增值税的有（　　）。

　　A. 将外购的货物分配给股东　　　B. 将外购的货物用于个人消费

　　C. 将自产的货物用于集体福利　　D. 将自产的货物无偿赠送他人

6. 根据企业所得税法律制度相关规定，下列各项中属于免税收入的有（　　）。

　　A. 财政拨款

　　B. 高等学校接收来自企业的基础研究资金收入

　　C. 依法收取并纳入财政管理的政府性基金

　　D. 中国保险保障基金有限责任公司购买政府债券的利息收入

7. 根据税收征收管理法律制度的规定，下列选项中的主体中，无须办理税务登记的有（　　）。

　　A. 国家税务总局

　　B. 只缴纳个人所得税的公民赵某

　　C. 国有企业

　　D. 残疾人开办的生产残疾人用品的企业

8. 根据税收征收管理法律制度的规定，下列税种中，由海关负责征收的有（　　）。

　　A. 船舶吨税　　　　　　　　　　B. 关税

　　C. 契税　　　　　　　　　　　　D. 车船税

9. 甲公司与其负有保密义务的高级技术人员张某签订了为期 2 年的竞业限制协议。在劳动合同解除或终止后的竞业限制期限内，张某禁止从事的工作包括（　　）。

　　A. 到与甲公司从事同类业务且存在竞争关系的其他用人单位工作

　　B. 自己从事与甲公司相同的业务

　　C. 自己开业生产与甲公司同类的产品

　　D. 到与甲公司生产同类产品且存在竞争关系的其他用人单位工作

10. 根据社会保险法律制度的规定，下列关于医疗期的表述中，不正确的有（　　）。

　　A. 医疗期一般在 3 个月 ~24 个月之间

　　B. 如医疗期内遇合同期满，合同自动解除

　　C. 对某些患有特殊疾病的职工，在 12 个月内尚不能痊愈的，经企业和劳动主管部门批准，可以适当延长医疗期

　　D. 医疗期的计算从病休第一天开始，累计计算

三、**判断题**（本类题共 10 小题，每小题 1 分，共 10 分。请判断每小题的表述是否正确。每小题答题正确的得 1 分，错答、不答均不得分，也不扣分。）

1. 所有法人都有权利能力，但并非所有法人都有行为能力。　　　　　（　　）
2. 在法律事实的划分中，地震属于事实行为。　　　　　　　　　　（　　）
3. 代理记账机构可以接受委托人的委托对外提供财务会计报告。　　（　　）
4. 汇款人办理汇兑结算，汇出银行受理后，经审查无误后，应及时向汇入银行办理汇款，并向汇款人签发汇款回单；该汇款回单作为该笔汇款已转入收款人账户的证明。　　　　　　　　　　　　　　　　　　　　　　　　　　　　　　（　　）
5. 委托加工的应税消费品，以受托的单位为消费税的纳税义务人。　（　　）
6. 取得境外所得应办理个人所得税纳税申报。　　　　　　　　　　（　　）
7. 土地增值税纳税人发生应税行为，应向纳税人登记注册地主管税务机关缴纳土地增值税。　　　　　　　　　　　　　　　　　　　　　　　　　　　　（　　）
8. 房屋出租不属于契税征税范围。　　　　　　　　　　　　　　　（　　）
9. 从事生产、经营的个人应办而未办营业执照，但发生纳税义务的，可以按规定申请办理设立税务登记。　　　　　　　　　　　　　　　　　　　　　　（　　）
10. 治疗工伤期间的工资福利由用人单位支付。　　　　　　　　　（　　）

四、**不定项选择题**（本类题共 12 小题，每小题 2 分，共 24 分。每小题备选答案中，有一个或一个以上符合题意的正确答案，每小题全部选对得满分，少选得相应分值，多选、错选、不选均不得分。）

【第 1 题】

甲公司为增值税一般纳税人，主要从事大型机械设备制造和销售业务，2024 年 10 月有关经营情况如下：

（1）购入原材料取得增值税专用发票注明税额 39 万元；进口检测仪器取得海关进口增值税专用缴款书注明税额 26 万元。

（2）报销销售人员国内差旅费，取得网约车费增值税电子普通发票注明税额 0.09 万元；取得住宿费增值税普通发票注明税额 0.6 万元；取得注明销售人员身份信息的铁路车票，票面金额合计 10.9 万元；取得注明销售人员身份信息的公路客票，票面金额合计 5.15 万元。

（3）采取分期收款方式销售 T 型大型机械设备一台。含增值税价款 226 万元，合同约定当月收取价款；采取预收货款方式销售 Y 型大型机械设备一台，设备生产工期 18 个月，合同约定本月应预收含增值税价款 960.5 万元，甲公司当月实际收到该笔预收款。

（4）支付境外乙公司专利技术使用费。合同约定含增值税价款 99.64 万元，乙公司在境内未设有经营机构且无代理人。

已知，销售货物增值税税率为 13%；销售无形资产的增值税税率为 6%；铁路旅客运输服务按照9%计算进项税额；公路旅客运输服务按照3%计算进项税额；取得的扣税凭证均符合抵扣规定。

要求：根据上述资料，不考虑其他因素，分析回答下列问题。

1. 甲公司当月在下列进项税额中，准予从销项税额中抵扣的是（　　）。

　　A. 检测仪器的进项税额26万元

　　B. 原材料的进项税额39万元

　　C. 住宿费的进项税额0.6万元

　　D. 网约车费的进项税额0.09万元

2. 计算甲公司当月铁路车票和公路客票准予抵扣进项税额的下列算式中，正确的是（　　）。

　　A. $10.9 \times 9\% + 5.15 \div (1 + 3\%) \times 3\% = 1.131$（万元）

　　B. $10.9 \div (1 + 9\%) \times 9\% + 5.15 \times 3\% = 1.0545$（万元）

　　C. $10.94 + 5.15 \times 3\% = 1.1355$（万元）

　　D. $10.9 \div (1 + 9\%) \times 9\% + 5.15 \div (1 + 3\%) \times 3\% = 1.05$（万元）

3. 计算甲公司当月销售大型机械设备增值税销项税额的下列算式中，正确的是（　　）。

　　A. $226 \div (1 + 13\%) \times 13\% = 26$（万元）

　　B. $960.5 \times 13\% = 124.865$（万元）

　　C. $(226 + 960.5) \div (1 + 13\%) \times 13\% = 136.5$（万元）

　　D. $226 \div (1 + 13\%) \times 13\% + 960.5 \times 13\% = 150.865$（万元）

4. 计算甲公司支付专利技术使用费应代扣代缴增值税税额的下列算式中，正确的是（　　）。

　　A. $99.64 \div (1 - 6\%) \times (1 + 6\%) \times 6\% = 6.7416$（万元）

　　B. $99.64 \times 6\% = 5.9784$（万元）

　　C. $99.64 \div (1 + 6\%) \times 6\% = 5.64$（万元）

　　D. $99.64 \div (1 - 6\%) \times 6\% = 6.36$（万元）

【第2题】

甲建筑有限责任公司（以下称甲公司）2024年发生了下列相关业务：3月在A市承接一项为期2年的建筑工程项目。5月10日向乙企业签发一张支票用于结算劳务款项。乙企业于5月13日将支票背书转让给丁公司；丁公司于5月22日提示付款被付款银行拒绝。6月18日委托其开户银行向丙公司电汇100万元用于结算材料款。

要求：根据上述资料，不考虑其他因素，分析回答下列问题。

1. 甲公司在A市承接一项为期2年的建筑工程项目可以开立的银行结算账户是（　　）。

　　A. 基本存款账户　　　　　　　　B. 预算单位零余额账户

　　C. 预算单位专用存款账户　　　　D. 临时存款账户

2. 丁公司提示付款的期限，下列说法不正确的是（　　）。

A. 支票的提示付款期限自出票日起 10 日

B. 支票的提示付款期限自票据到期日起 10 日

C. 支票的提示付款期限自收到票据之日起 10 日

D. 支票的提示付款期限自提示付款之日起 10 日

3. 丁公司被付款银行拒绝后，（　　）应当对丁公司承担票据责任。

A. 出票人　　　　　　　　　　　　B. 付款人

C. 背书人　　　　　　　　　　　　D. 承兑人

4. 甲公司 6 月 18 日委托其开户银行向丙公司电汇 100 万元的结算方式是（　　）。

A. 委托付款　　　　　　　　　　　B. 委托收款

C. 汇兑　　　　　　　　　　　　　D. 托收承付

【第 3 题】

王某属于我国居民纳税人，为独生子女，现任职于国内某公司，业余爱好写作。2024 年有关收入情况如下：

（1）基本工资 10 000 元/月，全年一次性奖金 20 000 元。

（2）小说 12 月份出版后收到稿酬收入 10 000 元。

（3）国内公开拍卖自己的小说手稿所得 100 000 元。

（4）一次性讲学收入 4 500 元。

（5）符合国家规定标准的城镇房屋拆迁补偿款 350 000 元。

（6）境内 A 上市公司非限售股股票转让所得 13 000 元。

（7）体育彩票一次中奖收入 8 000 元。

另外，王某有一个 9 岁的女儿，上小学三年级，另需赡养均年逾 60 岁的父母以及岳父岳母；王某为其第二套房支付房贷，每月支付房贷利息 1 000 元，当年接受计算机专业技术人员职业资格继续教育，且取得相关资格证书，支出费用 4 800 元，所需的专项附加扣除信息均已向税务机关提交。经约定，符合条件的专项附加扣除均由王某按扣除标准的 100% 扣除。

当地规定的社会保险和住房公积金个人缴存比例为：基本养老保险 8%，基本医疗保险 2%，失业保险 0.5%，住房公积金 12%。王某缴纳社会保险费核定的缴费工资基数为 8 000 元。

已知：居民个人综合所得全年应纳税所得额在 36 000 元以内的部分，适用税率 3%，速算扣除数 0；应纳税所得额 36 000 元至 144 000 元的部分，适用税率 10%，速算扣除数 2 520；应纳税所得额 144 000 元至 300 000 元的部分，适用税率 20%，速算扣除数 16 920。

要求：根据上述资料，不考虑其他因素，分析回答下列问题。

1. 下列关于王某的专项附加扣除正确的是（　　）。

A. 子女教育专项附加扣除按每月 2 000 元的标准定额扣除

B. 继续教育专项附加扣除按每年 4 800 元的标准定额扣除

C. 住房贷款利息专项附加扣除按每月 1 000 元的标准定额扣除

    D. 赡养老人专项附加扣除按每月 3 000 元的标准定额扣除

2. 王某拍卖小说手稿所得 100 000 元，在计缴个人所得税时适用的税目是（　　）。

    A. 劳务报酬所得   B. 特许权使用费所得

    C. 财产转让所得   D. 偶然所得

3. 王某的下列收入中，免予或暂免征收个人所得税的是（　　）。

    A. 讲学收入 4 500 元

    B. 拆迁补偿款 350 000 元

    C. 股票转让所得 13 000 元

    D. 体育彩票一次中奖收入 8 000 元

4. 王某全年综合所得应缴纳个人所得税税额为（　　）元。

    A. 8 280   B. 5 880   C. 8 520   D. 7 080

2025 年度初级资格考试
《经济法基础》全真模拟试题（三）

一、单项选择题（本类题共 23 小题，每小题 2 分，共 46 分。每小题备选答案中，只有一个符合题意的正确答案。错选、不选均不得分。）

1. 下列各项中，属于法律事实中的相对事件的是（　　）。
 A. 捡到手机
 B. 行政许可
 C. 森林大火
 D. 爆发战争

2. 赵某与王某东西相邻而居，两家因宅基地纠纷，赵某于 2024 年 6 月 20 日在紧贴王某家东院墙墙脚处挖一南北长、东西宽的深沟，危及了楼房及院墙的安全，后经协商未果，王某诉讼至法院，法院判决赵某对处于王某建筑物东墙墙脚处的深沟消除危险，恢复原状。赵某承担的该项法律责任属于（　　）。
 A. 刑事责任
 B. 行政处分
 C. 民事责任
 D. 行政处罚

3. 下列各项中，表述不正确的是（　　）。
 A. 在获取充分、适当的审计证据后，注册会计师认为错报单独或汇总起来对财务报表影响重大，但不具有广泛性，注册会计师应当发表保留意见
 B. 当注册会计师认为财务报表在所有重大方面按照适用的财务报告编制基础的规定编制并实现公允反映时，发表保留意见
 C. 如果无法获取充分、适当的审计证据以作为形成审计意见的基础，但认为未发现的错报（如存在）对财务报表可能产生的影响重大且具有广泛性，注册会计师应当发表无法表示意见
 D. 在获取充分、适当的审计证据后，如果认为错报单独或汇总起来对财务报表的影响重大且具有广泛性，注册会计师应当发表否定意见

4. 银行承兑汇票的出票人应于汇票到期前将票款足额交存其开户银行，银行承兑汇票的出票人于汇票到期日未能足额交存票款时，承兑银行付款后，对出票人尚未支付的汇票金额按照（　　）计收利息。
 A. 0.5‰
 B. 每天 0.5‰

　　C. 0.3‰　　　　　　　　　　　　D. 每天 0.3‰

5. 汇款人委托银行将其款项支付给收款人的结算方式是（　　　）。

　　A. 委托收款　　　　　　　　　　B. 汇兑

　　C. 网上支付　　　　　　　　　　D. 票据支付

6. 甲公司一次性购买预付卡 1 万元，不可使用的支付方式是（　　　）。

　　A. 转账支票支付　　　　　　　　B. 银行卡柜台转账

　　C. 银行卡网上银行转账　　　　　D. 现金支付

7. 根据增值税法律制度的规定，纳税人采取托收承付和委托银行收款方式销售货物的，其纳税义务的发生时间为（　　　）。

　　A. 货物发出的当天

　　B. 发出货物并办妥托收手续的当天

　　C. 收到销货款的当天

　　D. 合同约定的收款日期的当天

8. 2024 年 9 月甲公司进口一批货物，成交价格为 800 万元，货物运抵我国境内输入地点起卸前的运费为 60 万元、保险费为 3 万元。已知关税税率为 10%，计算甲公司该笔业务应缴纳的关税税额的下列算式中，正确的是（　　　）。

　　A. （800 + 60）× 10% = 86（万元）

　　B. （800 + 3）× 10% = 80.3（万元）

　　C. 800 × 10% = 80（万元）

　　D. （1 800 + 60 + 3）× 10% = 186.3（万元）

9. 甲卷烟厂为增值税一般纳税人，2023 年 10 月销售甲类卷烟 1 000 标准条，取得含增值税销售额 90 400 元。已知，卷烟增值税税率为 13%；消费税比例税率为 56%，定额税率为 0.003 元/支，每标准条为 200 支卷烟。计算甲卷烟厂当月销售甲类卷烟应缴纳消费税税额的下列算式中，正确的是（　　　）。

　　A. 90 400 ÷（1 + 13%）× 56%

　　B. 90 400 ÷（1 + 13%）× 56% + 1 000 × 200 × 0.003

　　C. 90 400 × 56% + 1 000 × 200 × 0.003

　　D. （90 400 + 1 000 × 200 × 0.003）× 56%

10. 2024 年 9 月甲酒厂销售自产白酒 20 吨，取得含增值税销售额 2 260 000 元。已知，增值税税率为 13%，消费税比例税率为 20%，定额税率为 0.5 元/500 克，1 吨 = 1 000 千克。计算甲酒厂当月销售自产白酒应缴纳消费税税额的下列算式中，正确的是（　　　）。

　　A. 2 260 000 × 20% + 20 × 1 000 × 2 × 0.5

　　B. 2 260 000 ÷（1 + 13%）× 20%

　　C. 2 260 000 × 20%

　　D. 2 260 000 ÷（1 + 13%）× 20% + 20 × 1 000 × 2 × 0.5

11. 根据城市维护建设税法律制度的规定，纳税人向税务机关实际缴纳的下列税款中，应为城市维护建设税计税依据的是（　　　）。

  A. 房产税税款
      B. 消费税税款

  C. 土地增值税税款
     D. 车船税税款

12. 根据企业所得税法律制度，企业来源于中国境内、境外的所得的确定，以下说法正确的是（　　　）。

  A. 提供劳务所得，按照劳务发生地确定

  B. 销售货物所得，按照销售货物企业所在地确定

  C. 股息、红利等权益性投资所得，按照取得所得的企业所在地确定

  D. 不动产转让所得，按照转让企业所在地确定

13. 甲公司 2024 年度实现利润总额 100 万元，通过市人民政府向贫困地区捐款 10 万元，通过公益性社会团体向贫困地区捐款 4 万元，直接向困难群众捐赠 1 万元。已知公益性捐赠支出不超过年度利润总额 12% 的部分，准予在计算应纳税所得额时扣除。甲公司在计算 2024 年度企业所得税应纳税所得额时，准予扣除的捐赠额为（　　　）万元。

  A. 15
      B. 14

  C. 12
      D. 10

14. 根据个人所得税法律制度的规定，个体工商户的下列支出中，在计算经营所得个人所得税应纳税所得额时准予扣除的是（　　　）。

  A. 税收滞纳金

  B. 赞助支出

  C. 在生产经营活动中发生的向金融企业借款的利息支出

  D. 个人所得税税款

15. 2024 年 10 月张某出租自用房屋，取得当月租金 3 900 元，房屋租赁过程中发生相关税费 100 元，已知个人出租住房取得的所得暂减按 10% 税率征收个人所得税，财产租赁所得每次收入不超过 4 000 元的，减除费用为 800 元。张某 10 月应纳个人所得税的下列算式中，正确的是（　　　）。

  A. （3 900 - 100 - 800）× 10% = 300（元）

  B. （3 900 - 800）× 10% = 310（元）

  C. （3 900 - 100）× 10% = 380（元）

  D. 3 900 × 10% = 390（元）

16. 2024 年 9 月张某出租自有住房，收取当月租金 2 000 元，当月须偿还个人住房贷款 1 000 元。已知个人出租住房房产税税率为 4%，计算张某当月应缴纳房产税税额的下列算式中，正确的是（　　　）。

  A. （2 000 - 1 000）× 4% = 40（元）

  B. 2 000 × 4% = 80（元）

  C. （2 000 - 1 000）×（1 - 4%）× 4% = 38.4（元）

  D. 2 000 ×（1 - 4%）× 4% = 76.8（元）

17. 2024 年，甲盐场占地面积为 300 000 平方米，其中办公用地 35 000 平方米，生活区用地 15 000 平方米，盐滩用地 250 000 平方米。已知当地规定的城镇土地使用税每平方米年税额为 0.8 元，甲盐场当年应缴纳城镇土地使用税税额的下列计算中，正确的是（　　）。

    A. （35 000 + 250 000）× 0.8 = 228 000（元）

    B. 300 000 × 0.8 = 240 000（元）

    C. （15 000 + 250 000）× 0.8 = 212 000（元）

    D. （35 000 + 15 000）× 0.8 = 40 000（元）

18. 2024 年，甲火电厂占地 90 万平方米，其中厂区围墙内占地 40 万平方米，厂区围墙外灰场占地 4 万平方米，生活区及其他商业配套设施占地 40 万平方米。已知，甲火电厂所在地适用的城镇土地使用税每万平方米年税额为 2 万元。根据城镇土地使用税法律制度的规定，该火电厂 2024 年应缴纳的城镇土地使用税税额为（　　）万元。

    A. 117   B. 172

    C. 180   D. 210

19. 甲公司向乙公司租赁 2 台起重机并签订租赁合同，合同注明起重机总价值为 80 万元，租期为 2 个月，每台每月租金 2 万元。已知租赁合同适用印花税税率为 1‰，根据印花税法律制度的规定，甲公司和乙公司签订该租赁合同共计应缴印花税（　　）元。

    A. 40   B. 80

    C. 160   D. 800

20. 甲公司按规定最晚应于 2024 年 3 月 15 日缴纳应纳税款 400 000 元，但迟迟未缴。税务机关责令其于当年 3 月 30 日前缴纳，并按日加收 0.5‰ 的滞纳金。甲公司直至当年 4 月 25 日才将税款缴清。计算甲公司应缴纳滞纳金金额的下列算式中，正确的是（　　）。

    A. 400 000 × 0.5‰ × 41 = 8 200（元）

    B. 400 000 × 0.5‰ × 42 = 8 400（元）

    C. 400 000 × 0.5‰ × 27 = 5 400（元）

    D. 400 000 × 0.5‰ × 26 = 5 200（元）

21. 重大税收违法失信案件失信主体信息自公布之日起满一定期限的，税务机关在一定期限内停止信息公布。该期限是（　　）。

    A. 3 年，5 个工作日   B. 5 年，3 个工作日

    C. 3 年，3 个工作日   D. 5 年，5 个工作日

22. 2024 年 7 月 19 日，郑某被甲企业口头聘用，8 月 1 日收到书面录用通知书，8 月 15 日郑某与甲企业在劳动合同文本上签章，8 月 21 日郑某正式上岗工作。郑某与甲企业所签劳动合同的生效时间是（　　）。

    A. 2024 年 8 月 1 日   B. 2024 年 8 月 15 日

    C. 2024 年 7 月 19 日   D. 2024 年 8 月 21 日

23. 根据《社会保险法》规定，基本养老保险待遇低于伤残津贴的，由（　　）补足差额。

    A. 基本养老保险基金
        B. 基本医疗保险基金

    C. 工伤保险基金
        D. 失业保险基金

二、多项选择题（本类题共 10 小题，每小题 2 分，共 20 分。每小题备选答案中，有两个或两个以上符合题意的正确答案。请至少选择两个答案，全部选对得满分，少选得相应分值，多选、错选、不选均不得分。）

1. 根据我国法律的规定，关于法人成立，下列说法中正确的有（　　）。

    A. 事业单位法人均从登记之日起取得法人资格

    B. 社会团体法人均从登记之日起取得法人资格

    C. 承担行政职能的法定机构均从成立之日起具有机关法人资格

    D. 有独立经费的机关均从成立之日起具有机关法人资格

2. 根据会计法律制度的规定，下列各项中，不属于甲公司内部会计监督主体的有（　　）。

    A. 甲公司债权人
        B. 甲公司纪检部门

    C. 甲公司人事部门
        D. 甲公司会计人员

3. 下列说法中，符合原始凭证填制要求的有（　　）。

    A. 从个人处取得的原始凭证，必须有填制人员的签名盖章

    B. 对外开出的原始凭证，必须加盖本单位财务专用章

    C. 大写和小写金额必须相等

    D. 支付款项必须有收款单位和收款人的收款证明

4. 根据支付结算法律制度的规定，下列首次申请开立单位银行结算账户的存款人中，可以开立基本存款账户的有（　　）。

    A. 临时工程指挥部

    B. 居民委员会

    C. 单位设立的独立核算的食堂

    D. 农村合作社

5. 下列情形不可以开立临时存款账户的有（　　）。

    A. 基本建设资金的使用和管理
      B. 单位银行卡备用金

    C. 期货交易保证金
        D. 注册验资

6. 下列各项中，可以免征关税的有（　　）。

    A. 在海关放行前遭受损坏的货物、进境物品

    B. 在海关放行前损毁或者灭失的货物、进境物品

    C. 外国公司无偿赠送的物资

    D. 无商业价值的广告品和货样

7. 根据企业所得税法律制度的有关规定，企业所得税的纳税人包括（　　）。

A. 合伙企业   B. 社会团体

C. 事业单位   D. 民办非企业单位

8. 下列各项中，不得在企业所得税税前扣除的有（   ）。

     A. 自创商誉的摊销

     B. 未投入使用的机器设备计提的折旧

     C. 以融资租赁方式租入的固定资产计提的折旧

     D. 单独估价作为固定资产入账的土地计提的折旧

9. 根据税收征收管理法律制度的规定，下列关于税款征收措施的表述中，正确的有（   ）。

     A. 扣缴义务人未按照规定期限解缴税款的，税务机关可责令限期缴纳

     B. 欠缴税款、滞纳金的纳税人或者其法定代表人需要出境的，税务机关可直接通知出境管理机关阻止其出境

     C. 个人及其所扶养家属维持生活必需的住房和用品不采取税收保全措施

     D. 税务机关可以采取的税收保全措施包括强制扣款、拍卖变卖等

10. 下列关于劳动仲裁参加人的说法中，正确的有（   ）。

     A. 劳务派遣单位或者用工单位与劳动者发生争议的，劳务派遣单位和用工单位为共同当事人

     B. 因履行集体合同发生的劳动争议，经协商解决不成的，工会可以依法申请仲裁

     C. 发生争议的劳动者一方在 5 人以上，并有共同请求的，可以推举 3～5 名代表参加仲裁活动

     D. 丧失或者部分丧失民事行为能力的劳动者，由仲裁委员会为其指定代理人代为参加仲裁活动

三、判断题（本类题共 10 小题，每小题 1 分，共 10 分。请判断每小题的表述是否正确。每小题答题正确的得 1 分，错答、不答均不得分，也不扣分。）

1. 《中华人民共和国民法典》是我国重要的根本法之一。   （   ）

2. 人的整体和人的部分都可以作为客体。   （   ）

3. 对于保管期满的原始凭证，可以销毁。   （   ）

4. 失票人在票据被盗后应该采取的补救方法是声明作废。   （   ）

5. 增值税专用发票，是增值税纳税人发生应税销售行为开具的发票，是购买方支付增值税税额并可按照增值税有关规定据以抵扣增值税进项税额的凭证。   （   ）

6. 非居民企业在中国境内未设立机构、场所的，或者虽设立机构、场所但取得的所得与其所设机构、场所没有实际联系的，应当就其来源于中国境内的所得缴纳企业所得税。   （   ）

7. 农村居民在规定用地标准以内占用耕地新建自用住宅，可以免征耕地占用税。   （   ）

8. 税务机关对按规定确定的失信主体，纳入纳税信用评价范围的，按照纳税信用

管理规定，将其纳税信用级别判定为 M 级，适用相应的 M 级纳税人管理措施。（　　）

9. 扣缴征收适用于零星分散和异地缴纳的税收。（　　）

10. 被派遣劳动者在无工作期间，劳务派遣单位无须向其支付报酬。（　　）

四、不定项选择题（本类题共 12 小题，每小题 2 分，共 24 分。每小题备选答案中，有一个或一个以上符合题意的正确答案，每小题全部选对得满分，少选得相应分值，多选、错选、不选均不得分。）

【第 1 题】

甲公司法定代表人为赵某，公司在 P 银行开立基本存款账户，预留签章为公司单位公章加会计机构负责人李某的个人名章。2023 年 12 月 11 日，派业务员钱某采购原料，李某签发一张转账支票交给钱某，但支票上未填写金额和收款人名称。钱某与乙公司签订合同后，将支票交付乙公司会计人员张某，张某在支票上填写合同金额 10 万元，并在收款人栏填写乙公司。1 月 12 日张某持支票到本公司的开户银行 Q 银行，拟通过委托收款方式向 P 银行提示付款。在付款时，P 银行发现该支票账户余额为 9 万元，遂予以退票，并向中国人民银行申请对甲公司处以罚款，乙公司要求甲公司支付 2 000 元赔偿金。

要求：根据上述资料，不考虑其他因素，分析回答下列问题。

1. 甲公司签发该支票应当注意的事项是（　　）。

A. 支票金额的中文大写与阿拉伯数码记载应当一致

B. 在支票上的签章必须与其预留 P 银行的签章一致

C. 出票日期必须使用中文大写

D. 该支票金额不得超过付款时甲公司在 P 银行实有存款金额

2. 下列事项中，甲公司签发支票必须记载的事项是（　　）。

A. 付款银行名称 P 银行　　　　　　B. 出票日期

C. 金额 10 万元　　　　　　　　　　D. 收款人名称乙公司

3. 下列日期中，在该支票提示付款期限内的是（　　）。

A. 2024 年 1 月 10 日　　　　　　　B. 2023 年 12 月 12 日

C. 2023 年 12 月 19 日　　　　　　　D. 2024 年 2 月 10 日

4. 关于支票持票人超过付款期限的说法中正确的是（　　）。

A. P 银行应拒绝付款

B. P 银行应支付票据金额，并向甲追偿

C. P 银行仅支付 9 万元

D. P 银行不予付款，不影响甲公司对乙公司的票据责任

【第 2 题】

甲公司为增值税一般纳税人，主要从事货物运输、装卸搬运和仓储服务。2025 年 3 月有关经营情况如下：

（1）提供货物运输服务，取得含增值税价款 1 090 000 元，同时收取包装费 10 900 元。

（2）提供装卸搬运服务，取得含增值税价款 41 200 元。

（3）提供仓储服务，取得含增值税价款 82 400 元。

（4）出租一处闲置仓库，取得含增值税租金 52 500 元，该仓库系甲公司 2012 年购入。

（5）采取预收款方式向乙公司出租一辆纳入"营改增"试点之日前取得的运输车辆，3 月 10 日签订有形动产租赁合同，租期 6 个月。3 月 15 日收到乙公司支付的租赁费，3 月 20 日向乙公司开具增值税专用发票，3 月 25 日向乙公司交付出租的运输车辆。

（6）将资金贷与关联企业丙公司使用，取得利息 200 000 元。

（7）无偿为关联企业丙公司提供仓储服务，同类仓储服务含增值税价款 2 018 元。

（8）取得存款利息 5 500 元。

（9）因公司车辆发生交通事故，获得保险赔付 5 000 元。

已知销售交通运输服务增值税税率为 9%。

要求：根据上述资料，不考虑其他因素，分析回答下列问题。

1. 计算甲公司当月提供货物运输服务增值税销项税额的下列算式中，正确的是（   ）。

    A. 1 090 000 × 9% = 91 800（元）

    B. （1 090 000 + 10 900）× 9% = 99 081（元）

    C. 1 090 000/（1 + 9%）× 9% = 90 000（元）

    D. （1 090 000 + 10 900）/（1 + 9%）× 9% = 90 900（元）

2. 甲公司提供的下列服务中，可以选择适用简易计税方法计税的有（   ）。

    A. 提供装卸搬运服务   B. 提供仓储服务

    C. 出租闲置仓库   D. 向乙公司出租运输车辆

3. 甲公司当月采取预收款方式出租运输车辆，增值税纳税义务发生时间是（   ）。

    A. 3 月 10 日   B. 3 月 15 日

    C. 3 月 20 日   D. 3 月 25 日

4. 甲公司当月发生的下列业务中，属于不征收增值税项目的是（   ）。

    A. 将资金贷与关联企业丙公司使用取得利息

    B. 为关联企业丙公司提供仓储服务

    C. 取得存款利息

    D. 获得保险赔付

【第 3 题】

A 公司为居民企业，主要从事医药制造与销售业务，2024 年有关经营情况如下：

（1）药品销售收入 5 000 万元，房屋租金收入 200 万元，许可他人使用本公司专利特许权使用费收入 1 000 万元，接受捐赠收入 50 万元。

（2）缴纳增值税 325 万元，城市维护建设税和教育费附加 32.5 万元，房产税 56 万元，印花税 3.9 万元。

（3）捐赠支出 90 万元，其中通过公益性社会团体向受灾地区捐款 35 万元、直接向丙大学捐款 55 万元；符合条件的广告费支出 2 100 万元。

（4）全年利润总额为 480 万元。

已知：公益性捐赠支出，在年度利润总额 12% 以内的部分，准予扣除，医药制造业企业发生的广告费和业务宣传费支出，不超过当年销售（营业）收入 30% 的部分，准予扣除。

要求：根据上述资料，不考虑其他因素，分析回答下列问题。

1. A 公司的下列收入中，应计入 2024 年度企业所得税收入总额的是（　　）。

    A. 房屋租金收入 200 万元

    B. 药品销售收入 5 000 万元

    C. 接受捐赠收入 50 万元

    D. 特许权使用费收入 1 000 万元

2. 下列各项中，在计算 A 公司 2024 年度企业所得税应纳税所得额时，准予扣除的是（　　）。

    A. 印花税 3.9 万元

    B. 增值税 325 万元

    C. 房产税 56 万元

    D. 城市维护建设税和教育费附加 32.5 万元

3. 在计算 A 公司 2024 年度企业所得税应纳税所得额时，准予扣除的捐赠支出是（　　）万元。

    A. 35　　　　　　　　　　　　B. 90

    C. 57.6　　　　　　　　　　　D. 55

4. 计算 A 公司 2024 年度企业所得税应纳税所得额时，准予扣除的广告费支出是（　　）万元。

    A. 2 100　　　　　　　　　　　B. 1 815

    C. 1 560　　　　　　　　　　　D. 1 860

2025 年度初级资格考试
《经济法基础》全真模拟试题（四）

一、单项选择题（本类题共 23 小题，每小题 2 分，共 46 分。每小题备选答案中，只有一个符合题意的正确答案。错选、不选均不得分。）

1. 根据授权制定的法规与法律规定不一致，不能确定如何适用时，由特定机关裁决如何适用，该机关是（　　）。
   A. 全国人民代表大会　　　　　　B. 全国人民代表大会常务委员会
   C. 最高人民法院　　　　　　　　D. 国务院

2. 下列选项中，不能作为法律关系客体的是（　　）。
   A. 网络虚拟财产　　　　　　　　B. 个人信息
   C. 著作权　　　　　　　　　　　D. 自然人李某

3. 下列各项中，属于行政责任的是（　　）。
   A. 停止侵害　　　　　　　　　　B. 罚款
   C. 返还财产　　　　　　　　　　D. 支付违约金

4. 下列关于会计机构设置的表述中，不正确的是（　　）。
   A. 各单位根据业务的需要设置会计机构
   B. 不设置会计机构的，在有关机构中设置会计人员并指定会计主管人员
   C. 不具备设置条件的，应当委托经批准从事会计代理记账业务的中介机构代理记账
   D. 企业必须设置会计机构

5. 根据支付结算法律制度的规定，临时存款账户的有效期最长不超过一定期限，该期限为（　　）年。
   A. 1　　　　　B. 10　　　　　C. 5　　　　　D. 2

6. 甲烟草批发企业向乙卷烟零售店销售卷烟 200 标准条，取得不含增值税销售额 28 000 元；向丙烟草批发企业销售卷烟 300 标准条，取得不含增值税销售额 42 000 元。已知：卷烟批发环节消费税比例税率 11%，定额税率为 0.005 元/支，每标准条 200 支卷烟。计算甲烟草批发企业上述业务应缴纳消费税税额为（　　）元。

A. 6 570　　　　　 B. 3 280　　　　　 C. 7 520　　　　　 D. 900

7. 某企业为增值税一般纳税人，2023 年 8 月初，外购货物一批，支付增值税进项税额 18 万元，8 月下旬，因管理不善，造成 8 月初购进的该批货物一部分发生霉烂变质，经核实造成 1/3 的损失。该企业 8 月可以抵扣的进项税额为（　　）万元。

A. 0　　　　　 B. 6　　　　　 C. 12　　　　　 D. 18

8. 甲公司为增值税一般纳税人。2024 年 10 月采取以旧换新方式销售 100 台 Z 型家电，该型家电同期含增值税销售价格为 3 039 元/台，扣减旧家电收购价格后实际收取含增值税价款 2 600 元/台，已知增值税税率为 13%，计算甲公司当月该业务增值税销项税额的下列算式中，正确的是（　　）。

A. $100 \times 2\,600 \times 13\% = 33\,800$（元）

B. $100 \times 3\,039 \div (1 + 13\%) \times 13\% = 34\,961.5$（元）

C. $100 \times 3\,039 \times 13\% = 39\,507$（元）

D. $100 \times 2\,600 \div (1 + 13\%) \times 13\% = 29\,911.5$（元）

9. 根据消费税法律制度的规定，下列车辆属于应税小汽车征税范围的是（　　）。

A. 电动汽车

B. 高尔夫车

C. 用中轻型商用客车底盘改装的中轻型商用客车

D. 雪地车

10. 根据企业所得税法律制度的规定，企业从事下列项目取得的所得中，免征企业所得税的是（　　）。

A. 家禽饲养　　　　　　　　 B. 海水养殖

C. 茶叶种植　　　　　　　　 D. 内陆养殖

11. 2024 年度甲公司发生合理的工资、薪金支出 800 万元，发生职工教育经费支出 9 万元，上年度未在税前扣除的职工教育经费支出 61 万元。已知，职工教育经费支出，不超过工资薪金总额 8% 的部分，准予在计算企业所得税应纳税所得额时扣除；超过部分，准予在以后纳税年度结转扣除。在计算甲公司该年度企业所得税应纳税所得额时，准予扣除的职工教育经费支出为（　　）万元。

A. 61　　　　　 B. 64　　　　　 C. 9　　　　　 D. 70

12. 按照企业所得税法律制度的相关规定，自 2022 年 1 月 1 日起，对非营利性科研机构、高等学校接收企业、个人和其他组织机构基础研究资金收入，适用（　　）的税收优惠政策。

A. 减按 20% 税率　　　　　　 B. 免征企业所得税

C. 减半征收　　　　　　　　 D. 减按 15% 税率

13. 下列关于个人所得税应纳税额计算的说法中，不正确的是（　　）。

A. 退休人员再任职取得的收入——按"劳务报酬所得"应税项目缴纳个人所得税

B. 个人兼职取得的收入——按"劳务报酬所得"应税项目缴纳个人所得税

  C. 个人取得通信补贴收入——并入"工资、薪金所得"计征个人所得税

  D. 实行内部退养的个人在其办理内部退养手续后至法定离退休年龄之间从原任职单位取得的工资、薪金——应按"工资、薪金所得"项目计征个人所得税

14. 某公司2024年3月以3 800万元购得一写字楼作为办公用房使用，该写字楼原值6 000万元，累计折旧2 000万元。如果适用的契税税率为3%，该公司应缴契税为（　　）万元。

  A. 120   B. 114   C. 180   D. 150

15. 根据车船税法律制度的规定，下列车辆中免征车船税的是（　　）。

  A. 建筑公司专用作业车   B. 人民法院警务用车

  C. 商场管理部门用车   D. 物流公司货车

16. 根据城镇土地使用税法律制度的规定，下列土地中不予免征城镇土地使用税的是（　　）。

  A. 港口的码头用地   B. 水利设施及其管护用地

  C. 机场飞行区用地   D. 机场工作区用地

17. 根据印花税法律制度的规定，下列各项中不征印花税的是（　　）。

  A. 借款合同   B. 承揽合同

  C. 会计咨询合同   D. 保管合同

18. 根据车船税法律制度的规定，车船税的纳税地点为（　　）。

  A. 车船的登记地   B. 车船的购买地

  C. 车船的使用地   D. 车船的生产地

19. 根据税收征收管理法律制度的规定，因纳税人有特殊困难，税务机关最长可（　　）个月缓征税款。

  A. 1   B. 3   C. 6   D. 12

20. 某公司2024年9月应缴纳增值税10 000元，城市维护建设税700元。该公司在规定期限内未进行纳税申报，税务机关责令其缴纳并加收滞纳金，该公司在10月30日办理了申报缴纳手续。税务机关核定该公司增值税和城市维护建设税均以1个月为一个纳税期。有关该公司应缴纳的滞纳金，下列算式正确的是（　　）。

  A. （10 000 + 700）×0.5‰×15 = 80.25（元）

  B. （10 000 + 700）×0.5‰×30 = 160.5（元）

  C. 10 000×0.5‰×30 = 150（元）

  D. 10 000×0.5‰×15 = 75（元）

21. 2024年8月1日，甲公司书面通知张某被录用，8月6日张某到甲公司上班，12月15日甲公司与张某签订书面劳动合同，因未及时签订书面劳动合同，甲公司应向张某支付一定期间的2倍工资，该期间为（　　）。

  A. 自2024年9月1日至2024年12月14日

  B. 自2024年8月1日至2024年12月15日

  C. 自2024年8月6日至2024年12月15日

D. 自 2024 年 9 月 6 日至 2024 年 12 月 14 日

22. 孙某与甲公司签订了劳动合同，甲公司对孙某进行了专业技术培训，支付了培训费 30 000 元，甲公司与孙某约定服务期为 3 年，违约金 12 000 元。2 年后，孙某与甲公司签订的劳动合同期满。孙某以劳动合同期满为由离开了公司，甲公司要求其支付违约金。下列各项中，符合规定的是（　　）。

    A. 孙某可以离开甲公司，应支付 10 000 元违约金

    B. 孙某可以离开甲公司，应支付 30 000 元违约金

    C. 孙某可以离开甲公司，应支付 12 000 元违约金

    D. 孙某可以离开甲公司，应支付 4 000 元违约金

23. 贾某的日工资为 120 元，每周工作 5 天，每天工作 8 小时。贾某在 2024 年 10 月 1 日和 10 月 2 日国庆节假期期间因企业不停工加班 2 天。当月因工期紧张，月底的周六又加班 1 天，但企业未支付相关的加班费，也未安排补休。下列关于贾某的工资支付，表述不正确的是（　　）。

    A. 国庆节加班应获得 720 元工资

    B. 周六加班应获得 240 元工资

    C. 用人单位安排加班不支付加班费的，由劳动行政部门责令限期支付加班费

    D. 企业逾期不支付加班费，相关部门可以要求企业向贾某按支付工资的标准加付赔偿金

二、多项选择题（本类题共 10 小题，每小题 2 分，共 20 分。每小题备选答案中，有两个或两个以上符合题意的正确答案。请至少选择两个答案，全部选对得满分，少选得相应分值，多选、错选、不选均不得分。）

1. 下列各项中，能够引起法律关系发生、变更和消灭的事实有（　　）。

    A. 社会革命   B. 意外事故

    C. 签订合同   D. 提起诉讼

2. 下列会计档案中，不需要永久保管的有（　　）。

    A. 银行存款余额调节表   B. 总账

    C. 会计档案保管清册   D. 原始凭证

3. 下列银行结算账户管理的表述中，正确的有（　　）。

    A. 存款人应以实名开立银行结算账户

    B. 存款人不得出租、出借银行结算账户

    C. 存款人不得利用银行结算账户套取银行信用或进行洗钱活动

    D. 存款人通过银行结算账户办理结算可以透支

4. 根据消费税法律制度的规定，下列各项中，应按照"高档化妆品"税目计缴消费税的有（　　）。

    A. 影视演员化妆用的上妆油   B. 成套化妆品

    C. 高档护肤类化妆品   D. 高档美容类化妆品

5. 根据个人所得税法律制度的规定，下列各项中免征、暂免征个人所得税的项目有（　　）。

A. 个人转让自用 2 年以上的，家庭唯一生活用房取得的所得

B. 残疾、孤老人员的所得

C. 外籍个人从外商投资企业取得的股息、红利所得

D. 外国驻华使馆人员的所得

6. 下列各项中，属于应纳环境保护税征税范围的有（　　）。

A. 企业向依法设立的污水集中处理、生活垃圾集中处理场所排放应税污染物

B. 企业在符合国家和地方环境保护标准的设施、场所储存或者处置固体废物

C. 依法设立的城乡污水集中处理场所超过国家和地方规定的排放标准向环境排放应税污染物

D. 企业储存或者处置固体废物不符合国家和地方环境保护标准

7. 下列各项中，符合资源税法有关课税数量规定的有（　　）。

A. 纳税人开采应税产品销售的，以开采数量为课税数量

B. 纳税人生产应税产品销售的，以生产数量为课税数量

C. 纳税人开采或生产应税产品销售的，以销售数量为课税数量

D. 纳税人生产应税产品自用的，以自用数量为课税数量

8. 根据税收征收管理法律制度的规定，下列各项文件中，申请人对行政行为申请行政复议时，可以一并向复议机关提出对该规范性文件的附带审查申请有（　　）。

A. 国家税务总局和国务院其他部门的规范性文件

B. 其他各级税务机关的规范性文件

C. 地方各级人民政府的规范性文件

D. 地方各级人民政府的规章文件

9. 根据《社会保险法》有关规定，下列属于职工基本医疗保险费征缴范围的有（　　）。

A. 城镇集体企业　　　　　　B. 民办非企业单位及其职工

C. 社会团体　　　　　　　　D. 城镇私营企业

10. 根据《劳动合同法》的规定，下列情形中，用人单位可以单方面解除劳动合同的有（　　）。

A. 周某因严重危害国家安全，被判处有期徒刑 3 年

B. 吴某因违反治安管理规定，被行政拘留 5 日

C. 郑某在试用期内无法胜任岗位工作

D. 王某因父亲生病请假 20 天

三、判断题（本类题共 10 小题，每小题 1 分，共 10 分。请判断每小题的表述是否正确。每小题答题正确的得 1 分，错答、不答均不得分，也不扣分。）

1. 法律之间对同一事项的新的一般规定与旧的特别规定不一致，不能确定如何适

用时，由国务院裁决。（　　）

2. 国家机关可以作为单位会员加入社会团体。（　　）

3. 单位保存的会计档案不得对外借出。（　　）

4. 银行汇票的出票人为企业或其他组织。（　　）

5. 对企业为员工支付各项免税之外的保险金，应在企业与保险公司签订保险合同时并入员工当期的工资收入，按"工资、薪金所得"项目计征个人所得税，税款由企业负责代扣代缴。（　　）

6. 小规模纳税人（其他个人除外）发生增值税应税行为，需要开具增值税专用发票的，可以自愿使用增值税发票管理系统自行开具。（　　）

7. 纳税人自行申报缴纳车船税的，纳税地点为车船实际使用地的主管税务机关所在地。（　　）

8. 房地产开发企业在改制重组时以房地产作价入股进行投资，对其将房地产转移、变更到被投资的企业，暂不征土地增值税。（　　）

9. A 企业纳入纳税信用管理，且符合纳税信用修复法定条件，于 2024 年 9 月 1 日申请向主管税务机关申请纳税信用修复，主管税务机关自受理纳税信用修复申请之日起 7 个工作日内完成审核，并向纳税人反馈信用修复结果。（　　）

10. 职工在两个用人单位同时就业的，各用人单位应当分别为职工缴纳工伤保险费。（　　）

四、不定项选择题（本类题共 12 小题，每小题 2 分，共 24 分。每小题备选答案中，有一个或一个以上符合题意的正确答案，每小题全部选对得满分，少选得相应分值，多选、错选、不选均不得分。）

【第 1 题】

2024 年 4 月 19 日，甲公司向乙公司签发了一张出票后 2 个月付款、金额为 20 万元的商业汇票，该汇票载明丙公司为付款人，丁公司在汇票上签章作了保证，但未记载被保证人名称。乙公司取得汇票后背书转让给戊公司，但未记载背书日期，戊公司于 2024 年 5 月 15 日向丙公司提示承兑时，丙公司以其所欠甲公司债务只有 15 万元为由拒绝承兑。戊公司拟行使追索权实现自己的票据权利。

要求：根据上述资料，回答下列问题。

1. 该汇票未记载被保证人名称，被保证人是（　　）。

　　A. 甲公司　　　　　　　　　　B. 乙公司

　　C. 丙公司　　　　　　　　　　D. 丁公司

2. 下列票据当事人中，戊公司可以向其行使追索权的是（　　）。

　　A. 甲公司　　　　　　　　　　B. 乙公司

　　C. 丙公司　　　　　　　　　　D. 丁公司

3. 关于乙公司未记载背书日期行为效力的下列表述中，正确的是（　　）。

　　A. 该背书无效　　　　　　　　B. 该背书有效

C. 该票据无效　　　　　　　　　　　D. 视为到期日前背书

4. 戊公司向乙公司行使追索权的截止时间为（　　）。

　　A. 2024 年 6 月 19 日　　　　　　　B. 2024 年 8 月 15 日

　　C. 2024 年 10 月 19 日　　　　　　 D. 2024 年 11 月 15 日

【第 2 题】

甲企业为一家酿酒公司，是增值税一般纳税人，主要从事酒类产品的生产与销售业务。2024 年 11 月有关经营情况如下：

（1）销售自产白酒 5 吨，含增值税销售价格 22 600 元/吨，同时向购买方收取品牌使用费 25 990 元。

（2）通过非独立核算门市部销售另一品牌白酒 C 酒 3 吨，含增值税销售价格为 135 600 元/吨，该白酒生产成本为 80 000 元/吨。

（3）购进 D 型白酒 1 吨，取得增值税专用发票注明金额 30 000 元，甲企业将购进的 D 白酒全部用于生产 X 品牌白酒，X 白酒当月销售 2 吨，含增值税销售价格 79 100 元/吨。

（4）将自产药酒 10 吨用于投资入股丙公司，1 吨用于抵偿所欠上流企业原材料货款，3 吨用于换取丁公司销售的酿酒设备，2 吨用于换取 U 公司销售的包装设备。药酒不含增值税最高销售价格 5 000 元/吨，不含增值税平均销售价格 4 200 元/吨。

已知：增值税税率为 13%，白酒消费税比例税率为 20%，定额税率为 0.5 元/500 克。

要求：根据上述资料，不考虑其他因素，分析回答下列问题。

1. 计算甲企业当月销售自产白酒应缴纳的消费税税额为（　　）元。

　　A. 28 298　　　　B. 23 100　　　　C. 27 798　　　　D. 25 100

2. 计算甲企业当月销售自产 C 白酒应缴纳消费税税额为（　　）元。

　　A. 51 000　　　　B. 120 000　　　C. 75 000　　　　D. 63 000

3. 计算甲企业当月销售 X 品牌白酒应缴纳的消费税税额为（　　）元。

　　A. 22 000　　　　B. 23 000　　　　C. 30 000　　　　D. 21 000

4. 关于甲企业当月自产药酒消费税计税依据的下列表述中，正确的是（　　）。

　　A. 用于抵偿货款的 1 吨药酒，以每吨 5 000 元的价格为计税依据

　　B. 用于换取包装设备的药酒，以每吨 4 200 元的价格为计税依据

　　C. 用于换取酿酒设备的药酒，以每吨 4 200 元的价格为计税依据

　　D. 用于投资入股的 10 吨药酒，以每吨 5 000 元的价格为计税依据

【第 3 题】

某面包生产企业 2024 年全年取得主营业务收入 8 000 万元、其他业务收入 1 500 万元、营业外收入 800 万元、投资收益 1 210 万元，发生主营业务成本 4 000 万元、其他业务成本 450 万元、营业外支出 600 万元、可以扣除的相关税金及附加 430 万元、销售费用 1 000 万元、管理费用 680 万元、财务费用 50 万元，2024 年涉及的需要进行纳税调整的业务如下：

（1）计入成本费用的实际发放的职工工资 2 000 万元（含临时工工资 50 万元）。

发生职工福利费支出 300 万元，拨缴工会经费 50 万元并取得专用收据，发生职工教育经费支出 180 万元。

（2）发生与企业生产经营业务相关的业务招待费支出 100 万元。

（3）发生广告费支出 700 万元，以前年度累计结转至本年的广告费扣除额为 300 万元。

（4）当年到期的国债利息收入 300 万元。

（5）实际发生的研究开发经费 100 万元，未形成无形资产，据实计入管理费用。

（6）营业外支出中包括企业公益性捐赠 500 万元，直接向某灾区捐赠 50 万元。

要求：根据上述资料，不考虑其他因素，分析回答下列问题。

1. 业务（1）和业务（2）合计应调增的应纳税所得额为（　　）万元。

    A. 0　　　　　　　B. 52.5　　　　　　C. 92.5　　　　　　D. 102.5

2. 业务（3）应调整的应纳税所得额为（　　）。

    A. 调增 300 万元　　　　　　　　B. 调减 300 万元

    C. 调增 700 万元　　　　　　　　D. 调减 700 万元

3. 业务（4）和业务（5）合计应调整的应纳税所得额为（　　）。

    A. 调减 100 万元　　　　　　　　B. 调减 300 万元

    C. 调减 400 万元　　　　　　　　D. 调增 200 万元

4. 业务（6）应调整的应纳税所得额为（　　）。

    A. 调增 50 万元　　　　　　　　B. 调增 100 万元

    C. 调增 200 万元　　　　　　　　D. 调增 550 万元

2025 年度初级资格考试
《经济法基础》 全真模拟试题（五）

一、单项选择题（本类题共 23 小题，每小题 2 分，共 46 分。每小题备选答案中，只有一个符合题意的正确答案。错选、不选均不得分。）

1. 按照我国社会主义法律体系对法律部门的划分，《企业所得税法》属于（　　）。
   - A. 行政法部门
   - B. 经济法部门
   - C. 民商法部门
   - D. 诉讼与非诉讼程序法部门

2. 下列选项中，不属于我国法律渊源的是（　　）。
   - A. 《国际民用航空公约》
   - B. 《民法典》
   - C. 《最高人民法院公报》公布的案例
   - D. 中国证监会发布的《上市公司收购管理办法》

3. 下列不符合回避制度的是（　　）。
   - A. 董事长的妻子担任本单位人事部门经理
   - B. 会计科科长的女儿担任本部门出纳员
   - C. 总经理的养子担任销售部门经理
   - D. 人事处处长的同学担任会计档案管理员

4. 根据银行卡收单业务管理规定，收单机构应按协议约定及时将交易资金结算到特约商户的收单银行结算账户，资金结算时限最迟不得超过持卡人确认可直接向特约商户付款的支付指令生效日后（　　），因涉嫌违法违规等风险交易需延迟结算的除外。
   - A. 10 个自然日　　B. 10 个工作日　　C. 30 个自然日　　D. 30 个工作日

5. 根据票据法律制度的规定，下列票据承兑的表述正确的是（　　）。
   - A. 承兑适用于所有票据
   - B. 付款人承兑汇票的，应当在汇票背面记载"承兑"字样和承兑日期并签章
   - C. 汇票上未记载承兑日期的，应当以收到提示承兑的汇票之日起 5 日内的最后一日为承兑日期

D. 承兑附有条件的，视为拒绝承兑

6. 根据支付结算法律制度的规定，下列各项中属于伪造票据行为的是（　　）。

　　A. 收款人名称填写错误的应由原记载人更正，并在更正处签章证明

　　B. 剪接票据非法改变票据记载事项

　　C. 涂改出票金额

　　D. 假冒他人在票据上签章

7. 甲公司为增值税一般纳税人，2024 年 10 月从国外进口一批摄像机，海关核定的关税计税价格为 226 万元，缴纳关税 22.6 万元。已知增值税税率为 13%，甲公司该笔业务应缴纳的增值税税额为（　　）万元。

　　A. 37.12　　　　B. 32.318　　　　C. 32　　　　D. 35.2

8. 某企业为山西省从事商业咨询服务的增值税小规模纳税人月销售额 15 万元，2024 年 10 月向一般纳税人提供资讯信息服务，取得含税销售额 15.45 万元；向某小规模纳税人提供注册信息服务，取得含税销售额 1.03 万元；当月购进办公用品，支付价款 2.06 万元，取得增值税普通发票。已知增值税税率为 16%，征收率为 3%，当月应缴纳增值税税额的下列计算列式中，正确的是（　　）。

　　A. （15.45＋1.03）÷（1＋3%）×3% ＝0.48（万元）

　　B. （15.45＋1.03－2.06）÷（1＋3%）×3% ＝0.42（万元）

　　C. （15.45＋1.03）×3% ＝0.4944（万元）

　　D. （15.45＋1.03）÷（1＋3%）×1% ＝0.16（万元）

9. 根据消费税法律制度的规定，白酒生产企业销售自产白酒收取的下列款项中，不应并入白酒销售额缴纳消费税的是（　　）。

　　A. 增值税税款　　　　　　　　B. 包装物租金

　　C. 品牌使用费　　　　　　　　D. 包装物押金

10. 某地板生产企业销售实木地板，取得含税销售额 100 万元，适用增值税税率 13%，消费税税率 5%，则应交消费税为（　　）。

　　A. 100÷（1－5%）×5% ＝5.2632（万元）

　　B. 100×5% ＝5（万元）

　　C. 100÷（1＋13%）×5% ＝4.4248（万元）

　　D. 100÷（1＋13%）÷（1－5%）×5% ＝4.66（万元）

11. 下列项目中，应按照"租赁服务"缴纳增值税的是（　　）。

　　A. 远洋运输中的程租服务　　　　B. 远洋运输中的期租服务

　　C. 融资性售后回租　　　　　　　D. 公交年广告位出租

12. 2024 年某居民企业主营业务收入 5 000 万元、营业外收入 80 万元，与收入配比的成本 4 100 万元，全年发生管理费用、销售费用和财务费用共计 700 万元，营业外支出 60 万元（其中符合规定的公益性捐赠支出 50 万元），2023 年度经核定结转的亏损额 30 万元。2024 年度该企业应缴纳企业所得税（　　）万元。

　　A. 47.5　　　　B. 53.4　　　　C. 53.6　　　　D. 54.3

13. A公司2024年10月销售一批服装，含增值税价格为56.5万元，由于购买数量多，A公司给予购买方八折优惠，销售额和折扣额在同一张发票"金额栏"内分别列示，增值税税率为13%。A公司在计算企业所得税应纳税所得额时，应确认的产品销售收入为（　　）万元。

A. 36　　　　　　B. 40.68　　　　　　C. 40　　　　　　D. 45.2

14. 下列属于财产租赁所得的是（　　）。

A. 剧本作者从电影、电视剧的制作单位取得的剧本使用费

B. 贷款利息

C. 个人取得的房屋转租收入

D. 出售股权

15. 根据个人所得税法律制度的相关规定，以下关于个人所得税应税项目的说法正确的是（　　）。

A. 托儿补助费属于"工资、薪金所得"

B. 剧本作者从任职的电影制作单位取得的剧本使用费，按"工资、薪金所得"项目征收个人所得税

C. 作者将自己的文字作品手稿原件或复印件拍卖取得的所得按"特许权使用费所得"项目征收个人所得税

D. 作者去世后，财产继承人取得的遗作稿酬，应按"财产转让所得"征收个人所得税

16. 下列关于居民住宅区内业主共有的经营性房产的计税规定的说法中，不正确的是（　　）。

A. 自营的依照房产原值减除20%~30%后的余值计征

B. 没有房产原值的，由房产所在地税务机关参照同类房产核定房产原值

C. 不能将业主共有房产与其他房产的原值准确划分开的，由房产所在地税务机关参照同类房产核定房产原值

D. 出租房产的，按照租金收入计征

17. 下列关于房产税税收优惠的说法中，不正确的是（　　）。

A. 国家机关、人民团体、军队自用的房产免征房产税

B. 宗教寺庙、公园、名胜古迹自用的房产免征房产税

C. 个人所有非营业用的房产免征房产税

D. 纳税人因房屋大修导致连续停用一年以上的，在房屋大修期间免征房产税

18. 根据环境保护税法律制度的规定，下列情形中，应缴纳环境保护税的是（　　）。

A. 小区物业公司维修下水道产生的噪声

B. 热电厂在符合国家和地方环境保护标准的场所储存固体废物

C. 依法设立的生活垃圾集中处理场所超过国家和地方规定的排放标准向环境排放应税污染物

D. 运输车辆排放不超过国家规定标准的尾气

19. 根据税收征收管理法律制度的规定，下列关于纳税申报的说法中，错误的是（   ）。

    A. 纳税申报包括自行申报、邮寄申报、数据电文申报、其他方式申报等方式

    B. 采用邮寄申报方式的以税务机关收到申报资料的日期为实际申报日期

    C. 采用数据电文申报的，以税务机关计算机网络系统收到该数据电文的时间为申报日期

    D. 纳税人在纳税期内没有应纳税款的，也应当按照规定办理纳税申报

20. 根据税收征收管理法律制度的规定，从事生产、经营的纳税人应当自领取营业执照或者发生纳税义务之日起一定期限内，按照国家有关规定设置账簿，该期限为（   ）日。

    A. 20   B. 15   C. 60   D. 30

21. 根据劳动合同法律制度的规定，下列关于非全日制用工说法不正确的是（   ）。

    A. 不得约定试用期

    B. 劳务报酬的支付周期为 30 日

    C. 可以不签订书面劳动合同

    D. 劳动关系终止，用人单位不用支付经济补偿

22. 2012 年 3 月 5 日，大学毕业生周某入职甲公司工作。2024 年 12 月 1 日，甲公司提出并与周某协商一致解除了劳动合同。已知，周某在劳动合同解除前 12 个月的平均工资为 20 000 元，当地上年度职工月平均工资为 5 500 元。计算甲公司应依法支付给周某经济补偿金（   ）元。

    A. 198 000   B. 214 500   C. 240 000   D. 260 000

23. 乙公司高级管理人员李某 2023 年度月平均工资为 15 000 元，乙公司所在地职工月平均工资为 4 000 元。2024 年，乙公司每月应扣缴李某基本养老保险费的下列计算列式中，正确的是（   ）。

    A. 4 000 × 8%   B. 15 000 × 8%

    C. 4 000 × 2 × 8%   D. 4 000 × 3 × 8%

二、多项选择题 （本类题共 10 小题，每小题 2 分，共 20 分。每小题备选答案中，有两个或两个以上符合题意的正确答案。请至少选择两个答案，全部选对得满分，少选得相应分值，多选、错选、不选均不得分。)

1. 下列法律责任形式中，属于行政责任的有（   ）。

    A. 没收违法所得   B. 吊销许可证

    C. 剥夺政治权利   D. 没收财产

2. 下列经济业务事项中，不需要办理会计手续、进行会计核算的有（   ）。

    A. 债权人变更   B. 债务重组

    C. 资产的增减   D. 所有者权益的增减

3. 银行应关闭单位银行结算账户的网上银行转账功能，要求存款人到银行网点柜

台办理转账业务，并出具书面付款依据或相关证明文件的交易有（　　）

    A. 账户资金集中转入，分散转出，跨区域交易

    B. 拆分交易，故意规避交易限额

    C. 账户资金快进快出，不留余额或者留下一定比例余额后转出，过渡性质明显

    D. 账户资金金额较大，对外收付金额与单位经营规模、经营活动明显不符

4. 下列票据权利时效的说法中，不正确的有（　　）。

    A. 票据权利时效期间是指提示付款期间

    B. 持票人对支票出票人的权利，自出票日起6个月

    C. 持票人对前手的再追索权，自被拒绝承兑或者被拒绝付款之日起6个月

    D. 持票人对前手的追索权，自被拒绝承兑或者被拒绝付款之日起3个月

5. 根据消费税法律制度的规定，关于消费税纳税义务发生时间的下列表述中，正确的有（　　）。

    A. 纳税人采取预收货款结算方式销售应税消费品的，为收到预收款的当天

    B. 纳税人自产自用应税消费品的，为移送使用的当天

    C. 纳税人委托加工应税消费品的，为纳税人提货的当天

    D. 纳税人进口应税消费品的，为报关进口的当天

6. 根据企业所得税法律制度的规定，下列属于免税收入的有（　　）。

    A. 基础研究资金收入

    B. 中国保险保障基金有限责任公司取得的收入

    C. 国债利息收入

    D. 企业从事海水养殖取得的收入

7. 根据土地增值税法律制度的规定，下列行为中，应征收土地增值税的有（　　）。

    A. 企业转让国有土地使用权   B. 政府出让国有土地使用权

    C. 企业出售不动产   D. 个人出租不动产

8. 根据车船税法律制度的规定，下列属于车船税征税范围的有（　　）。

    A. 用于耕地的拖拉机   B. 用于接送员工的客车

    C. 用于休闲娱乐的游艇   D. 供企业经理使用的小汽车

9. 根据税收征收管理法律制度的规定，纳税人与其关联企业之间的业务往来的下列情形中，税务机关可以调整其应纳税额的有（　　）。

    A. 购销业务未按照独立企业之间的业务往来作价

    B. 融通资金所支付或者收取的利息超过没有关联关系的企业之间所能同意的数额

    C. 融通资金所支付或者收取的利息低于没有关联关系的企业之间所能同意的数额

    D. 提供劳务，未按照独立企业之间业务往来收取或者支付劳务费用

10. 刘某原是甲公司的技术总监，公司与他签订竞业限制协议，约定合同解除或终止后3年内，刘某不得在本行业从事相关业务，公司每月支付其补偿金2万元。在刘某离职后，公司只在第一年按时给予了补偿金，此后一直没有支付，刘某遂在离职1年零2个月后到甲公司的竞争对手乙公司上班。甲公司得知后要求刘某支付违

约金。则下列说法中正确的有（　　）。

  A. 双方约定的竞业限制期限不符合法律规定

  B. 刘某可以提出请求解除竞业限制约定，人民法院应予支持

  C. 刘某可以要求甲公司支付竞业限制期间内未支付的补偿金，人民法院应予支持

  D. 对甲公司要求刘某支付违约金的请求，人民法院应予支持

三、判断题（本类题共 10 小题，每小题 1 分，共 10 分。请判断每小题的表述是否正确。每小题答题正确的得 1 分，错答、不答均不得分，也不扣分。）

1. 法律关系的内容是指法律关系主体所享有的权利和承担的义务，其中承担的义务可以是积极义务，也可以是消极义务。（　　）

2. 自然人的权利能力可分为完全权利能力、限制权利能力与无权利能力。（　　）

3. 法人章程对法定代表人代表权的限制，不得对抗善意相对人。（　　）

4. 付款人自收到提示承兑的汇票之日起 3 日内不作出承兑与否表示的，视为拒绝承兑。（　　）

5. 储值卡的面值具有上限。（　　）

6. 由买方负担的购货佣金，计入进口货物的关税计税价格。（　　）

7. 根据企业所得税法律制度的规定，房屋、建筑物最低折旧年限为 10 年。（　　）

8. 纳税人开采或者生产不同税目应税产品的，未分别核算或者不能准确提供不同税目应税产品的销售额或者销售数量的，从高适用税率。（　　）

9. 发票的使用应以纸质发票为准，纸质发票的法律效力高于电子发票，在特定情况下可以拒收。（　　）

10. 康某与甲劳务派遣公司签订劳动合同，被派遣至乙用工公司工作，甲、乙公司均不得向康某收取费用。（　　）

四、不定项选择题（本类题共 12 小题，每小题 2 分，共 24 分。每小题备选答案中，有一个或一个以上符合题意的正确答案，每小题全部选对得满分，少选得相应分值，多选、错选、不选均不得分。）

【第 1 题】

甲公司从事建材生产作业，其在外地设有一分公司乙，并且已取得营业执照。2024 年 7 月，因生产规模扩大，乙公司决定新招一批生产工人。随后乙公司在当地招聘了包括小王和小李在内的 10 名工人，并于 2024 年 8 月 1 日开始工作。乙公司与应聘个人口头约定了工作内容和工资数额。

2024 年 9 月初，小王要求与乙公司签订书面劳动合同，公司领导以种种借口推托。直至劳动监察部门发现，乙公司才与包括小王和小李在内的 10 名工人签订了 2 年的书面劳动合同，合同中约定试用期 6 个月，试用期的工资为合同约定工资的 70%。

某日，生产机器出现故障，公司主管强令小李去高空维修故障机器，且不能提供安全器具，被小李拒绝。公司主管认为小李不服从领导安排，违反了劳动合同，要求公司对小李进行处罚；小李则提出与公司解除劳动合同，并要求公司支付经济补偿。

要求：根据以上资料，不考虑其他因素，回答下列问题。

1. 乙公司与小王等签订的劳动合同中，属于必备条款的是（　　）。

A. 乙公司的名称
B. 小王等人的姓名
C. 劳动合同的期限
D. 小王等人的试用期

2. 下列关于小王要求签订书面劳动合同的说法中，正确的是（　　）。

A. 小王要求签订书面劳动合同合法
B. 小王要求签订书面劳动合同不合法
C. 对于已建立劳动关系，未同时订立书面劳动合同的，应当自用工之日起 1 个月内订立书面劳动合同
D. 对于已建立劳动关系，未同时订立书面劳动合同的，应当自用工之日起 2 个月内订立书面劳动合同

3. 关于乙公司与工人签订的劳动合同中，下列说法正确的是（　　）。

A. 合同约定的试用期时间符合法律规定
B. 劳动合同期限 1 年以上不满 3 年的，试用期不得超过 6 个月
C. 试用期内的工资待遇符合法律规定
D. 劳动者在试用期的工资不得低于本单位相同岗位最低档工资或者劳动合同约定工资的 80%

4. 下列关于劳动合同解除和终止的说法中，不正确的是（　　）。

A. 用人单位未按照劳动合同约定提供劳动保护或者劳动条件的，劳动者不需要事先告知即可解除劳动合同
B. 对于劳动者不需事先告知即可解除劳动合同的，用人单位不需向劳动者支付经济补偿
C. 用人单位违章、强令冒险作业危及劳动者人身安全的，劳动者可以随时通知解除劳动合同
D. 对于劳动者可以随时解除劳动合同的，用人单位需向劳动者支付经济补偿

【第 2 题】

某超市为增值税一般纳税人，主要从事商品零售业务。2025 年 3 月有关经营情况如下：

（1）从小规模纳税人乙公司购进蔬菜用于销售，取得增值税专用发票注明金额 60 000 元、税额 1 800 元，购进的蔬菜当月全部销售。

（2）购进一批白酒，取得增值税专用发票注明税额 27 300 元，支付运费取得增值税专用发票注明税额 450 元。该批白酒因仓库管理不善被盗。

（3）购进一批文具，取得增值税专用发票注明税额 2 600 元，全部直接赠送给山区小学。

（4）购进一批电热毯，取得增值税专用发票注明税额 3 900 元，全部对外销售。

（5）购进暖手宝 1 000 只，其中 700 只在"来店即送"活动中赠送给顾客，300 只发给职工作为福利，同类暖手宝含增值税售价 33.9 元/只。

（6）采取以旧换新方式销售一批洗衣机，新洗衣机含增值税零售价 678 000 元，扣减旧洗衣机折价后实际收取含增值税价款 568 000 元。

已知：销售货物增值税税率为 13%，农产品扣除率为 9%。取得的增值税扣税凭证均符合抵扣规定。

要求：根据上述资料，不考虑其他因素，分析回答下列问题。

1. 计算该超市当月购进蔬菜准予从销项税额中抵扣的进项税额的下列算式中，正确的是（　　）。

A. （60 000 + 1 800）× 13% = 8 034（元）

B. （60 000 + 1 800）× 9% = 5 562（元）

C. 60 000 × 13% = 7 800（元）

D. 60 000 × 9% = 5 400（元）

2. 该超市的下列进项税额中，不得从销项税额中抵扣的是（　　）。

A. 对外销售的电热毯的进项税额 3 900 元

B. 赠送山区小学的文具的进项税额 2 600 元

C. 购进白酒的进项税额 27 300 元

D. 购进白酒支付运费的进项税额 450 元

3. 计算该超市当月暖手宝业务增值税销项税额的下列算式中，正确的是（　　）。

A. 33.9 × 300 × 13% = 1 322.1（元）

B. 33.9 × 1 000 × 13% = 4 407（元）

C. 33.9 × 700 ÷（1 + 13%）× 13% = 2 730（元）

D. 33.9 × 1 000 ÷（1 + 13%）× 13% = 3 900（元）

4. 计算该超市以旧换新销售洗衣机增值税销项税额的下列算式中，正确的是（　　）。

A. 568 000 ÷（1 + 13%）× 13% = 66 345.13（元）

B. 678 000 ÷（1 + 13%）× 13% = 78 000（元）

C. 678 000 × 13% = 88 140（元）

D. 568 000 × 13% = 73 840（元）

【第 3 题】

张某任职于国内某企业，为我国居民纳税人，2024 年全年取得的收入如下：

（1）从任职企业取得基本工资 12 000 元/月，加班工资 1 000 元/月，独生子女费补贴 200 元/月，差旅费津贴 1 800 元/月，误餐补助 500 元/月。

（2）12 月份出租居住用房获得租金 3 500 元，当月发生修理费 1 000 元。

（3）购买赈灾彩票中奖收入 20 000 元，拿出 8 000 元对扶贫公益慈善事业进行捐赠。

（4）转让境内上市公司股票，取得转让收入 5 000 元；取得 A 股股息收入 500 元（持股 8 个月）。

（5）取得国债利息收入 1 000 元。

（6）在某单位兼职取得报酬 2 000 元/月。

已知：当地规定的社会保险和住房公积金个人缴存比例为：基本养老保险 8%，基本医疗保险 2%，失业保险 0.5%，住房公积金 12%。社保部门核定张某社会保险费的缴费工资基数为 10 000 元。张某为独生女，其独生子正就读于高中二年级，张某当年接受计算机专业技术人员职业资格继续教育，并取得相关证书，支出为 5 000 元，经约定符合条件的子女教育专项附加扣除由张某一方按标准的 100% 扣除，继续教育专项附加扣除由张某本人扣除。

要求：根据上述资料，不考虑其他因素，分析回答下列问题。

1. 属于张某的"工资、薪金所得"应税项目的是（　　）。

    A. 基本工资   B. 加班工资

    C. 独生子女费补贴   D. 误餐补贴

2. 2024 年，张某以下所得中，需要缴纳个人所得税的是（　　）。

    A. 国债利息收入 1 000 元

    B. 在某单位兼职取得报酬 2 000 元/月

    C. 购买赈灾彩票中奖收入 20 000 元

    D. 12 月份出租居住用房获得租金 3 500 元

3. 张某 12 月份出租居住用房获得租金应缴纳个人所得税的计算公式是（　　）。

    A. （3 500 − 1 000 − 800）×20%   B. （3 500 − 1 000 − 800）×10%

    C. （3 500 − 800 − 800）×20%   D. （3 500 − 800 − 800）×10%

4. 张某购买赈灾彩票中奖后，将该收入进行部分捐赠，需要缴纳的个人所得税是（　　）元。

    A. 0   B. 2 800   C. 2 400   D. 1 440

2025 年度初级资格考试
《经济法基础》全真模拟试题（六）

一、单项选择题（本类题共 23 小题，每小题 2 分，共 46 分。每小题备选答案中，只有一个符合题意的正确答案。错选、不选均不得分。）

1. 下列法律事实中，属于事实行为的是（　　）。
   A. 病毒变异　　　　B. 违反合约　　　　C. 租赁房屋　　　　D. 设立遗嘱

2. 下列对法的分类中，属于以法的空间效力、时间效力或者对人的效力为依据进行分类的是（　　）。
   A. 根本法和普通法　　　　　　　B. 国际法和国内法
   C. 成文法和不成文法　　　　　　D. 一般法和特别法

3. 某高中学生现年十六周岁，继承了爸爸的一大笔遗产，以该遗产为主要生活来源，根据我国相关法律规定，该学生是（　　）。
   A. 视为完全民事行为能力人　　　B. 完全民事行为能力人
   C. 限制民事行为能力人　　　　　D. 无民事行为能力人

4. 下列各项中，不属于代理记账委托合同应包括的内容是（　　）。
   A. 签约人　　　　　　　　　　　B. 签约时间
   C. 委托业务的收费　　　　　　　D. 委托合同的有效期间

5. 对所移交的会计凭证、会计账簿、会计报表和其他有关资料的合法性、真实性承担法律责任的是（　　）。
   A. 接替人员　　　　　　　　　　B. 会计机构负责人
   C. 移交人员　　　　　　　　　　D. 单位负责人

6. 根据支付结算法律制度的规定，下列票据中，必须向付款人提示承兑的是（　　）。
   A. 甲公司取得的由乙公司签发的一张支票
   B. 丙公司取得的由 P 银行签发的一张银行本票
   C. 丁公司取得的一张见票后定期付款的商业汇票
   D. 戊公司取得的 Q 银行签发的一张银行汇票

7. 下列票据记载事项可以更改的是（ ）。

    A. 出票日期   B. 出票金额   C. 收款人名称   D. 出票用途

8. 根据消费税法律制度的规定，下列选项中采用从量计征的是（ ）。

    A. 啤酒   B. 红酒   C. 白酒   D. 葡萄酒

9. 一位客户向某汽车制造厂（增值税一般纳税人）2024 年 8 月订购自用汽车 1 辆，支付货款（含税）248 400 元，另付设计、改装费 30 000 元。该辆汽车计征消费税的销售额为（ ）元。

    A. 214 359.55   B. 246 371.68

    C. 250 800.25   D. 280 800.11

10. 下列关于增值税计税销售额的规定，说法正确的是（ ）。

    A. 以物易物方式销售货物，由多交付货物的一方以价差计算缴纳增值税

    B. 以旧换新方式销售货物，以实际收取的不含增值税的价款计算缴纳增值税（金银首饰除外）

    C. 现金折扣方式销售货物，以扣除折扣额后的金额计算缴纳增值税

    D. 销售折扣方式销售货物，分别开具发票的，不得从计税销售额中扣减折扣额

11. 下列行为不属于视同销售货物应征收增值税的是（ ）。

    A. 某生产企业将自产货物委托商业企业代销

    B. 某企业将外购的月饼赠送给代理商

    C. 某企业将外购的水泥用于基建工程

    D. 某生产企业将自产货物投资于个体工商户

12. 甲于 2022 年 1 月购买一辆小轿车自用，当月缴纳了车辆购置税 2 万元，2023 年 2 月，因该车存在严重质量问题，甲与厂家协商退货，并向税务机关申请车辆购置税的退税。甲可得到的车辆购置税退税（ ）万元。

    A. 0.5   B. 1   C. 1.8   D. 2

13. 某公司 2024 年度企业所得税应纳税所得额 1 000 万元，当年购置并实际使用一台符合《环境保护专用设备企业所得税优惠目录》规定的环境保护专用设备，该专用设备投资额 310 万元。已知企业所得税税率为 25%。计算该公司 2024 年度应缴纳企业所得税税额的下列算式中，正确的是（ ）。

    A. （1 000 − 310）×25% = 172.5（万元）

    B. 1 000 ×25% = 250（万元）

    C. 1 000 ×25% − 310×10% = 219（万元）

    D. （1 000 − 310×10%）×25% = 242.25（万元）

14. 根据个人所得税法律制度的规定，下列所得不属于劳务报酬所得的是（ ）。

    A. 报社记者在本报刊登文章获得的报酬

    B. 在校学生参加勤工俭学获得的报酬

    C. 个人兼职取得的收入

    D. 证券经纪人从证券公司取得的佣金收入

15. 根据个人所得税法律制度的规定，下列所得中不属于免税项目的是（　　）。

A. 县级人民政府颁发的教育方面的奖金

B. 国家发行的金融债券利息

C. 转让自用 6 年唯一家庭生活用房所得

D. 个人取得的保险赔款

16. 2024 年 12 月甲钢铁厂产生炉渣 200 吨，其中 60 吨储存在符合国家和地方环境保护标准的设施中，100 吨综合利用且符合国家和地方环境保护标准，其余的直接倒弃于周边空地。已知炉渣环境保护税税率为 25 元/吨，计算甲钢铁厂当月所产生炉渣应缴纳环境保护税税额的下列算式中，正确的是（　　）。

A. $200 \times 25 = 5\ 000$（元）　　　B. $(200 - 60 - 100) \times 25 = 1\ 000$（元）

C. $(200 - 100) \times 25 = 2\ 500$（元）　　D. $(200 - 60) \times 25 = 3\ 500$（元）

17. 根据车船税法律制度的规定，下列关于车船税纳税申报的表述中，不正确的是（　　）。

A. 扣缴义务人已代收代缴车船税的，纳税人不再向车辆登记地的主管税务机关申报缴纳车船税

B. 没有扣缴义务人的，纳税人应当向主管税务机关自行申报缴纳车船税

C. 车船税按年申报，按年缴纳

D. 纳税人没有按照规定期限缴纳车船税的，扣缴义务人在代收代缴税款时，可以一并代收代缴欠缴税款的滞纳金

18. 某铜矿 2024 年 3 月销售铜矿石原矿收取价款合计 600 万元，其中从坑口到车站的运输费用 20 万元，随运销产生的装卸、仓储费用 10 万元，均取得增值税发票。已知：该矿山铜矿石原矿适用的资源税税率为 6%。该铜矿 3 月份应纳资源税税额为（　　）万元。

A. 34.2　　　　B. 34　　　　C. 44.2　　　　D. 44

19. 根据税收征收管理法律制度的规定，下列关于退还纳税人多缴税款的表述中，正确的是（　　）。

A. 纳税人发现多缴税款但距缴款日期已超过 3 年的，税务机关不再退还多缴税款

B. 税务机关发现纳税人多缴税款但距缴款日期已超过 3 年的，不再退还多缴税款

C. 税务机关发现纳税人多缴税款的，在退还税款的同时，应一并计算银行同期存款利息

D. 纳税人结算缴纳税款后次年发现多缴税款的，可以向税务机关要求退还多缴的税款，但不得加算银行同期存款利息

20. 下列各项中，不属于失业保险待遇的是（　　）。

A. 失业保险金　　　　　　　　B. 死亡补助

C. 基本医疗保险待遇　　　　　　D. 生育医疗费用

21. 甲公司录用张某8个月后开始无故拖欠其工资，张某向甲公司多次催要未果，直至双方劳动关系终止，甲公司仍未结算所欠工资。根据劳动合同法律制度的规定，张某就甲公司拖欠工资申请劳动仲裁的时效期间是（　　）。

  A. 自甲公司开始无故拖欠工资之日起1年内

  B. 自双方劳动关系终止之日起1年内

  C. 自张某到甲公司工作之日起2年内

  D. 自张某向甲公司最后一次催要工资未果之日起2年内

22. 甲公司职员吴某实际工作年限为6年，在甲公司工作年限为2年。根据社会保险法律制度的规定，吴某因患病住院治疗，其依法可享受的医疗期限为（　　）个月。

  A. 3   B. 6   C. 9   D. 12

23. 根据规定，劳动行政部门自收到集体合同文本之日起一定时间内未提出异议的，集体合同即行生效，该时间为（　　）日。

  A. 7   B. 10   C. 15   D. 30

二、多项选择题（本类题共10小题，每小题2分，共20分。每小题备选答案中，有两个或两个以上符合题意的正确答案。请至少选择两个答案，全部选对得满分，少选得相应分值，多选、错选、不选均不得分。）

1. 下列选项中，属于法律关系主体的有（　　）。

  A. 农村集体组织法人   B. 无国籍人

  C. 国家   D. 汽车

2. 下列属于原始凭证必须具备内容的有（　　）。

  A. 会计科目   B. 凭证名称

  C. 经办人员的签名和盖章 D. 填制凭证的日期

3. 下列结算方式中，在大额支付中占据主导地位的有（　　）。

  A. 票据   B. 汇兑   C. 银行卡   D. 预付卡

4. 根据增值税法律制度的规定，下列各项中，属于增值税免税项目的有（　　）。

  A. 婚姻介绍服务

  B. 军队空余房产租赁收入

  C. 个人转让著作权

  D. 以无运输工具承运方式提供的国际运输服务

5. 根据个人所得税相关规定，以下关于居民个人综合所得范围、应纳税所得额以及收入额确定的说法中，正确的有（　　）。

  A. 劳务报酬所得以每次收入减除800元费用后的余额为收入额

  B. 综合所得，包括工资、薪金所得，劳务报酬所得，稿酬所得，特许权使用费所得4项

  C. 稿酬所得以收入减除20%的费用后的余额为收入额，且收入额减按70%计算

D. 特许权使用费以实际收入为收入额

6. 根据车船税法律制度的规定，下列车船中，以"辆数"为计税依据的有（　　）。

A. 商用货车　　　　B. 机动船舶　　　　C. 摩托车　　　　D. 商用客车

7. 根据环境保护税法律制度的规定，下列情形中，应予免征环境保护税的有（　　）。

A. 排放污染物的规模化养殖场

B. 排放污染物的船舶

C. 符合国家和地方排放标准的污水集中处理厂

D. 排放污染物的铁路机车

8. 根据税收征收管理法律制度的规定，下列关于发票管理的说法中，正确的有（　　）。

A. 国务院税务主管部门统一负责全国的发票管理工作

B. 具有法律效力的发票仅包括纸质发票

C. 主管税务机关根据领用单位和个人的经营范围、规模和风险等级，在 5 个工作日内确认领用发票的种类、数量以及领用方式

D. 发票的种类、联次、内容、编码规则、数据标准、使用范围等具体管理办法由国务院税务主管部门规定

9. 行政复议期间行政行为不停止执行，但应当停止执行的例外情形有（　　）。

A. 被申请人认为需要停止执行的

B. 复议机关认为需要停止执行的

C. 申请人认为需要停止执行

D. 第三人认为需要停止执行

10. 某公司为减轻经济负担，通过更改职工档案、编造证明材料等手段，为部分愿意提前退休的职工以特殊工种为由办理了退休手续。后该市社保机构在进行年度资格审查时发现了该公司有 20 名员工的材料存在伪造痕迹，而这 20 名员工已领取基本养老金 6 个月，共计 24 万元，则社会保险行政部门可以（　　）。

A. 责令限期改正

B. 责令退回已领取的 24 万元养老金

C. 对该单位处 48 万元罚金

D. 对该单位处 96 万元罚款

三、判断题（本类题共 10 小题，每小题 1 分，共 10 分。请判断每小题的表述是否正确。每小题答题正确的得 1 分，错答、不答均不得分，也不扣分。）

1. 法人清算后的剩余财产，应由法院主持处分。　　　　　　　　　　（　　）

2. 自然人在出生之前也可成为法律关系的主体。　　　　　　　　　　（　　）

3. 从事会计工作 5 年且具有助理会计师专业技术资格的王某，可担任会计机构负责人。　　　　　　　　　　　　　　　　　　　　　　　　　　　　　（　　）

4. 委托收款背书的被背书人不得再以背书转让票据权利。　　　　　　　（　　）

5. 增值税小规模纳税人，日销售额不超过 10 万元的，按照规定免征增值税。

　　　　　　　　　　　　　　　　　　　　　　　　　　　　　　　（　　）

6. 根据企业所得税法的规定，未能在当年税前扣除的以前年度损失，可以追补至该项损失发生年度扣除，无追补确认期限规定。　　　　　　　　　（　　）

7. 对于一方出地，一方出资金，双方合作建房，建成后转让的，可以免征土地增值税。　　　　　　　　　　　　　　　　　　　　　　　　　　　（　　）

8. 财产所有权人将财产赠与学校书立的产权转移书据，须按照规定缴纳印花税。

　　　　　　　　　　　　　　　　　　　　　　　　　　　　　　　（　　）

9. 纳税人对复议范围中征税行为不服的，应当先向复议机关申请行政复议，对行政复议决定不服的，可以向人民法院提起行政诉讼。　　　　　　　　（　　）

10. 参保人员在封顶线以上的医疗费用部分，可以通过单位补充医疗保险或者参加商业保险途径解决。　　　　　　　　　　　　　　　　　　　　　（　　）

四、不定项选择题（本类题共 12 小题，每小题 2 分，共 24 分。每小题备选答案中，有一个或一个以上符合题意的正确答案，每小题全部选对得满分，少选得相应分值，多选、错选、不选均不得分。）

【第 1 题】

甲公司从事日化生产经营，经市场监管部门注册登记于 2024 年 3 月 15 日领取企业法人营业执照。甲公司财务人员小王 4 月 15 日签发一张票面金额为 35 万元的转账支票，用于支付公司筹备期间租借乙公司办公室的租金。乙公司收到该支票后在票面上记载"不得转让"字样后将其转让给丙公司，用于偿还借款。

要求：根据上述资料，不考虑其他因素，分析回答下列问题。

1. 甲公司应当于（　　）申报办理税务登记。

　　A. 领取营业执照之日起 15 日内

　　B. 领取营业执照之日起 30 日内

　　C. 领取营业执照之日起 45 日内

　　D. 领取营业执照之日起 60 日内

2. 甲公司签发支票后产生的票据基本当事人包括（　　）。

　　A. 出票人　　　　　B. 收款人　　　　　C. 付款人　　　　　D. 保证人

3. 关于乙公司在支票上记载"不得转让"字样，下列说法正确的是（　　）。

　　A. 该记载不属于支票的绝对记载事项，所以该记载导致支票无效

　　B. 该记载属于任意记载事项

　　C. 该支票不得转让

　　D. 如果丙公司将该支票转让，乙公司对此后的票据债权人不承担保证责任

4. 该支票的提示付款期限是（　　）。

　　A. 自出票日起 10 日内　　　　　　　　B. 自出票日起 1 个月内

C. 自到期日起 10 日内　　　　　　　D. 自到期日起 3 个月内

【第 2 题】

甲公司为增值税一般纳税人，主要从事化妆品生产和销售业务，2024 年 10 月有关经营情况如下：

（1）进口一批高档护肤套装，货价为 200 万元，运抵我国边境运费为 10 万元，包装费 20 万元，保险费 5 万元。

（2）接受乙公司委托加工的一批高档口红，不含增值税加工费 30 万元，乙公司提供原材料成本 84 万元，该批高档口红无同类产品销售价格。

（3）销售一批高档香水，取得不含增值税价款 700 万元，另收取包装费 5.85 万元。

已知：高档化妆品适用的消费税税率为 15%，关税税率为 10%，增值税税率为 13%。

要求：根据上述资料，不考虑其他因素，分析回答下列问题。

1. 甲公司在进口高档化妆品的下列支出中，应计入进口货物关税计税价格的是（　　）。

　　A. 包装费 20 万元　　　　　　　　B. 保险费 5 万元

　　C. 运输费 10 万元　　　　　　　　D. 货款 200 万元

2. 进口高档护肤套装应缴纳的消费税税额为（　　）万元。

　　A. 41.74　　　　B. 45.62　　　　C. 38.83　　　　D. 38.78

3. 甲公司受托加工高档口红应代收代缴消费税税额为（　　）万元。

　　A. 17.85　　　　B. 20.12　　　　C. 20.70　　　　D. 18.78

4. 甲公司销售高档香水应缴纳消费税税额为（　　）万元。

　　A. 90.78　　　　B. 106.06　　　　C. 105.78　　　　D. 105.30

【第 3 题】

蓝天公司为居民企业，2024 年度有关财务收支情况如下：

（1）销售商品收入 1 000 万元，提供劳务收入 200 万元，出租一台设备收入 30 万元，获得国债利息收入 5 万元。

（2）税收滞纳金 5 万元，未按期交货赔偿 20 万元，赞助支出 10 万元，被没收财物的损失 3 万元，环保罚款 40 万元。

（3）其他可在企业所得税税前扣除的成本、费用、税金合计 500 万元。

已知：蓝天公司在境内 A 市登记注册成立，企业所得税实行按月预缴。

要求：根据上述资料，不考虑其他因素，分析回答下列问题。

1. 蓝天公司取得的下列收入中，属于免税收入的是（　　）。

　　A. 销售商品收入 1 000 万元　　　　B. 提供劳务收入 200 万元

　　C. 出租设备收入 30 万元　　　　　D. 国债利息收入 5 万元

2. 蓝天公司在计算 2024 年度企业所得税应纳税所得额时，不得扣除的项目是（　　）。

　　A. 未按期交货赔偿 20 万元　　　　B. 被没收财物的损失 3 万元

  C. 税收滞纳金 5 万元   D. 赞助支出 10 万元

3. 蓝天公司 2024 年度企业所得税应纳税所得额是（   ）万元。

  A. 710   B. 690   C. 490   D. 730

4. 下列关于蓝天公司企业所得税征收管理的表述中，正确的是（   ）。

  A. 蓝天公司企业所得税的纳税地点为 A 市

  B. 蓝天公司应当自 2024 年度终了之日起 6 个月内，向税务机关报送年度企业
    所得税申报表，并汇算清缴

  C. 蓝天公司 2024 年的纳税年度自 2024 年 1 月 1 日起至 2024 年 12 月 31 日止

  D. 蓝天公司应当于每月终了之日起 20 日内，向税务机关预缴企业所得税

2025 年度初级资格考试
《经济法基础》全真模拟试题（七）

一、单项选择题（本类题共 23 小题，每小题 2 分，共 46 分。每小题备选答案中，只有一个符合题意的正确答案。错选、不选均不得分。）

1. 根据授权制定的法规与法律规定不一致时，由特定机关裁决，该机关是（　　）。

    A. 全国人民代表大会　　　　　　　B. 全国人民代表大会常务委员会

    C. 最高人民法院　　　　　　　　　D. 国务院

2. 以下属于多方行为的是（　　）。

    A. 立遗嘱　　　B. 行政命令　　　C. 签订合同　　　D. 抛弃动产

3. 某地方财政部门进行执法检查时发现一家企业以虚假的经济事项编造会计凭证和账簿，并据此编制了财务会计报告。对此，财政部门对该企业的违法行为认定不正确的是（　　）。

    A. 变造会计凭证与会计账簿行为

    B. 伪造会计凭证行为

    C. 伪造会计账簿行为

    D. 提供虚假的财务报告行为

4. 根据《票据法》的规定，下列关于支票的说法中，正确的是（　　）。

    A. 支票的收款人可由出票人授权补记

    B. 支票不可以背书转让

    C. 支票的提示付款期限为出票日起 1 个月

    D. 持票人提示付款时，支票的出票人账户金额不足的，银行应先向持票人支付票款

5. 甲将一张 100 万元的汇票分别背书转让给乙和丙各 50 万元，根据规定，有关该背书效力的表述中，正确的是（　　）。

    A. 背书有效

    B. 背书无效

C. 背书转让给乙的 50 万元有效，背书转让给丙的 50 万元无效

D. 背书转让给乙的 50 万元无效，背书转让给丙的 50 万元有效

6. 根据支付结算法律制度的规定，单张不记名预付卡资金限额不得超过（　　）元。

  A. 1 000　　　　B. 2 000　　　　C. 5 000　　　　D. 10 000

7. 甲商店为小规模纳税人，2024 年 8 月销售商品取得含税销售额 61 800 元，购入商品取得普通发票注明金额 10 000 元。已知增值税税率为 13%，征收率为 3%，甲商店本月无其他收入，其当月应缴纳增值税税额的下列计算列式中，正确的是（　　）。

  A. 61 800÷（1+3%）×3%−10 000÷（1+3%）×3%=1 508.74（元）

  B. 0

  C. 61 800×3%−10 000×3%=1 554（元）

  D. 61 800÷（1+3%）×1%=600（元）

8. 某企业为增值税一般纳税人，2025 年 3 月销售自产电视机 10 台，开具增值税专用发票注明价款 30 000 元，另外取得延期付款利息 2 260 元。已知电视机增值税税率为 13%，则该企业当月的销项税额为（　　）元。

  A. 4 800　　　　B. 0　　　　C. 4 160　　　　D. 5 174.4

9. 根据增值税法律制度的规定，一般纳税人发生的下列业务中，允许开具增值税专用发票的是（　　）。

  A. 房地产开发企业向消费者个人销售房屋

  B. 百货公司向小规模纳税人零售食品

  C. 超市向消费者个人销售啤酒

  D. 会计师事务所向一般纳税人提供咨询服务

10. 根据增值税法律制度的规定，下列凭证不属于增值税扣税凭证的是（　　）。

  A. 增值税普通发票   B. 海关进口增值税专用缴款书

  C. 农产品收购发票   D. 农产品销售发票

11. 下列属于仅在零售环节交消费税的是（　　）。

  A. 卷烟　　　　B. 啤酒　　　　C. 高档手表　　　　D. 钻石

12. 根据企业所得税法律制度的规定，下列关于企业所得税税前扣除的表述中，不正确的是（　　）。

  A. 企业发生的合理的工资、薪金支出，准予扣除

  B. 企业发生的职工教育经费支出，不超过工资、薪金总额 2.5% 的部分，准予在计算企业所得税应纳税所得额时扣除

  C. 企业参加财产保险，按照规定缴纳的保险费，准予扣除

  D. 企业发生的合理的劳动保护支出，准予扣除

13. 某机械设备制造企业 2024 年度实现销售收入 300 万元，发生符合条件的广告费和业务宣传费支出 40 万元，上年度未在税前扣除完的符合条件的广告费和业务宣传费支出 6 万元。在计算该企业 2024 年度应纳税所得额时，允许扣除的广告费和业务宣

传费支出为（   ）万元。

    A. 41   B. 35   C. 45   D. 36

14. 根据个人所得税法律制度的有关规定，下列各项中，免征个人所得税的是（   ）。

    A. 财产租赁所得

    B. 咨询劳务所得

    C. 个人提取原提存的住房公积金

    D. 年终加薪所得

15. 某公司厂房原值 900 万元，已提折旧 200 万元。已知房产原值扣除比例为 20%，房产税从价计征税率为 1.2%，计算该公司本年度应缴纳房产税税额的下列算式中，正确的是（   ）。

    A. $200 \times (1 - 20\%) \times 1.2\% = 1.92$（万元）

    B. $900 \times 1.2\% = 10.8$（万元）

    C. $(900 - 200) \times (1 - 20\%) \times 1.2\% = 6.72$（万元）

    D. $900 \times (1 - 20\%) \times 1.2\% = 8.64$（万元）

16. 下列各项中，应当缴纳土地增值税的是（   ）。

    A. 继承房地产   B. 以房地产作抵押向银行贷款

    C. 企业出售写字楼   D. 个人出租房屋

17. 下列关于地方酌定减免契税的情形中，说法正确的是（   ）。

    A. 因土地、房屋被县级以上人民政府征收、征用，重新承受土地、房屋权属

    B. 夫妻因离婚分割共同财产发生土地、房屋权属变更的

    C. 城镇职工按规定第一次购买公有住房的

    D. 法定继承人通过继承承受土地、房屋权属

18. 根据印花税法律制度的规定，下列各项中，属于印花税纳税人的是（   ）。

    A. 合同的证人   B. 合同的担保人

    C. 合同的书立人   D. 合同的鉴定人

19. 下列各项中，不属于征税主体税款征收权的是（   ）。

    A. 核定税款权   B. 税收保全和强制执行权

    C. 阻止欠税纳税人离境权   D. 追征税款权

20. 根据税收征收管理法律制度的规定，下列关于税收违法行为检举管理的说法中，不正确的是（   ）。

    A. 检举人因检举而产生的支出应当由税务机关承担

    B. 检举人可以实名检举，也可以匿名检举

    C. 无法确定被检举对象的检举事项，不予受理

    D. 实名检举人可以要求答复检举事项的处理情况与查处结果，举报中心可以视具体情况采取口头或者书面方式答复实名检举人

21. 用人单位违反《劳动合同法》有关建立职工名册规定的，由劳动行政部门责

令限期改正；逾期不改正的，由劳动行政部门处以罚款。该罚款的限额为（　　　）。

　　A. 2 000 元以上 2 万元以下　　　　B. 2 万元以上

　　C. 2 万元以上 5 万元以下　　　　　D. 5 万元以上

22. 根据劳动合同法律制度的规定，以下属于劳动合同必备条款的是（　　　）。

　　A. 劳动报酬　　　　　　　　　　　B. 服务期

　　C. 保守商业秘密　　　　　　　　　D. 试用期

23. 2024 年 4 月 1 日，吴某到甲公司担任高级技术人员，月工资 15 000 元。2024 年 7 月 1 日，吴某得知公司未依法为其缴纳基本养老保险，随后通知甲公司解除劳动合同，并要求甲公司支付经济补偿。已知甲公司所在地上年度职工月平均工资为 4 000 元，则下列说法中正确的是（　　　）。

　　A. 甲公司无须支付经济补偿　　　　B. 甲公司向吴某补偿 6 000 元

　　C. 甲公司向吴某补偿 7 500 元　　　D. 甲公司向吴某补偿 2 000 元

二、多项选择题（本类题共 10 小题，每小题 2 分，共 20 分。每小题备选答案中，有两个或两个以上符合题意的正确答案。请至少选择两个答案，全部选对得满分，少选得相应分值，多选、错选、不选均不得分。）

1. 下列各项中，属于法人的有（　　　）。

　　A. 清华大学

　　B. 国家税务总局

　　C. 中国邮政集团有限公司

　　D. 某会计师事务所（特殊普通合伙企业）

2. 根据支付结算法律制度的规定，下列各项中，属于商业汇票持票人向银行办理贴现必须具备的条件有（　　　）。

　　A. 票据未到期

　　B. 持票人与出票人或者直接前手之间具有真实的商品交易关系

　　C. 持票人是在银行开立有存款账户的企业法人或者其他组织

　　D. 票据未记载"不得转让"事项

3. 汇票贴现必须记载的事项有（　　　）。

　　A. 贴出人名称　　　　　　　　　　B. 贴入人名称

　　C. 贴现日期　　　　　　　　　　　D. 贴现利率

4. 下列各项中，不属于《增值税暂行条例》规定的免税项的有（　　　）。

　　A. 由残疾人的组织直接进口供残疾人专用的物品

　　B. 个体工商户销售使用过的物品

　　C. 国际友人无偿赠送的物资

　　D. 直接用于科学研究、科学试验和教学的进口仪器、设备

5. 下列所得中，居民个人应按照"工资、薪金所得"项目计征个人所得税的有（　　　）。

    A. 个人转让新三板挂牌公司原始股

    B. 离退休人员从原任职单位取得的补贴

    C. 出租车驾驶员采取单车承包方式运营取得的客运收入

    D. 出租汽车经营单位将出租车所有权转移给驾驶员的，出租车驾驶员从事客货运营取得的收入

  6. 根据个人所得税法律制度的规定，甲公司员工钱某取得的下列收益中，应按"偶然所得"项目缴纳个人所得税的有（   ）。

    A. 取得房屋转租收入 5 000 元

    B. 在乙商场累积消费达到规定额度获得额外抽奖机会抽中平板电脑一台

    C. 在丙公司业务宣传活动中取得随机赠送的手机一部

    D. 为王某提供担保获得收入 8 000 元

  7. 下列关于房产税房产原值的说法中，不正确的有（   ）。

    A. 与房屋不可分割的各种附属设备或一般不单独计算价值的配套设施应计入房产原值

    B. 纳税人对原有房屋进行改建、扩建的，无须增加房屋的原值

    C. 智能楼宇设备因会计独立核算为固定资产，因此不计入房产原值

    D. 对附属设备和配套设施中易损坏、需要经常更换的零配件，更新后需计入房产原值

  8. 某互联网公司开业后一直未办理税务登记，根据税收征收管理法律制度的规定，税务机关无权对该公司采取的税款征收措施有（   ）。

    A. 核定应纳税额，责令缴纳

    B. 若税务机关责令其缴纳后，该公司仍未缴纳税款，可以扣押其价值略微大于应纳税款的商品

    C. 责令该餐厅提供纳税担保

    D. 直接扣押其价值相当于应纳税款的商品进行拍卖或变卖

  9. 根据税收征收管理法律制度的规定，甲公司所在地因遭遇地震而不能按期办理纳税申报，下列表述中，不正确的有（   ）。

    A. 经核准后可以延期办理纳税申报

    B. 经批准后可以延期缴纳税款

    C. 可以延期办理纳税申报

    D. 应当延期办理纳税申报

  10. 根据社会保险法律制度的规定，下列各项中，享受基本医疗保险待遇一般应符合的条件有（   ）。

    A. 到定点零售药房购买药品

    B. 到定点医疗机构就医、购药

    C. 参保人员可以在境内与境外就医

    D. 发生的医疗费用符合相应的给付标准

三、判断题（本类题共 10 小题，每小题 1 分，共 10 分。请判断每小题的表述是否正确。每小题答题正确的得 1 分，错答、不答均不得分，也不扣分。）

1. 附加刑可以同主刑一起使用，但不可以单独使用。　　　　　（　　）

2. 剥夺犯罪分子短期的人身自由，就近拘禁并强制劳动的刑罚是拘役。　（　　）

3. 一式几联的发票和收据，作废的不得撕毁。　　　　　　　　（　　）

4. 付款人账户内资金不足的，银行应当为付款人垫付资金。　（　　）

5. 对酒类生产企业销售酒类产品而收取的包装物押金，根据双方约定，不予返还的应并入酒类产品销售额，征收消费税。　　　　　　（　　）

6. 根据个人所得税法律制度规定，退休人员再任职取得的收入，按照"劳务报酬所得"缴纳个人所得税。　　　　　　　　　　　　　（　　）

7. 等价互换房屋土地权属的免征契税，互换价格不等时，由双方协商确定契税纳税人。　　　　　　　　　　　　　　　　　　　　（　　）

8. 对免税单位无偿使用纳税单位的土地，应征收城镇土地使用税。（　　）

9. 任何单位和个人不得窃取、截留、篡改、出售、泄露发票数据。（　　）

10. 钱某因劳动合同终止而失业，已办理登记并有求职要求，此系钱某首次失业，已知钱某与用人单位累计缴纳失业保险费满 3 年，则钱某领取失业保险金的最长期限是 18 个月。　　　　　　　　　　　　　　　　　　　　　　（　　）

四、不定项选择题（本类题共 12 小题，每小题 2 分，共 24 分。每小题备选答案中，有一个或一个以上符合题意的正确答案，每小题全部选对得满分，少选得相应分值，多选、错选、不选均不得分。）

【第 1 题】

甲企业为居民企业。当年实现产品销售收入 1 200 万元，视同销售收入 400 万元、接受捐赠收入 100 万元、债务重组收益 100 万元，发生的成本费用总额 1 500 万元，其中业务招待费支出 20 万元。

要求：根据上述资料，不考虑其他因素，回答下列问题。

1. 下列选项中，不属于销售（营业）收入的是（　　）。

　　A. 产品销售收入 1 200 万元

　　B. 视同销售收入 400 万元

　　C. 接受捐赠收入 100 万元

　　D. 债务重组收益 100 万元

2. 关于甲企业业务招待费扣除的下列算式中，正确的是（　　）。

　　A. （1 200 + 400 + 100 + 100）× 5‰ = 9（万元）

　　B. （1 200 + 400 + 100）× 5‰ = 8.5（万元）

　　C. 20 × 60% = 12（万元）

　　D. （1 200 + 400）× 5‰ = 8（万元）

3. 计算甲企业当年应纳税所得额的下列算式中，正确的是（　　）。

    A. 1 200 + 400 + 100 + 100 − 1 500 + 12 = 312（万元）

    B. 1 200 + 400 − 1 500 = 100（万元）

    C. 1 200 + 400 + 100 − 1 500 = 200（万元）

    D. 1 200 + 400 + 100 + 100 − 1 500 + 8 = 308（万元）

4. 计算甲企业当年应纳企业所得税税额的下列算式中，正确的是（　　）。

    A. 312 × 20% = 62.4（万元）

    B. 308 × 25% = 77（万元）

    C. 100 × 25% = 25（万元）

    D. 312 × 25% = 78（万元）

【第 2 题】

A 支付公司于 2024 年 10 月分别为甲餐饮公司和李某个人开立支付账号。在为甲公司开立支付账号时采用非面对面方式通过 2 个合法安全的外部渠道对单位基本信息进行多重交叉验证。在为李某个人开立支付账号时采用非面对面方式通过 3 个合法安全的外部渠道对身份基本信息进行多重交叉验证。其中通过商业银行验证李某个人客户身份基本信息时，通过李某 B 银行 I 类银行账户进行认证。李某非首次在该支付机构开立支付账户。2023 年 2 月李某在甲餐饮公司消费 165 元，使用本人 B 银行结算账户通过 A 支付机构完成付款。

要求：根据上述资料，不考虑其他因素，分析回答下列问题。

1. 支付机构为甲公司开立支付账户的下列表述中，正确的是（　　）。

    A. 对甲公司实行实名制管理

    B. 对甲公司基本信息进行多重交叉验证方式正确

    C. 根据甲公司风险评级情况，可以采取视频方式向单位法定代表人核实开户意愿

    D. 开立账号时已验证甲公司身份基本信息，与甲公司业务关系存续期间无须采取持续的身份识别措施

2. 支付机构可以为李某开立支付账户的类型是（　　）。

    A. Ⅰ 类支付账户　　　　　　　　　　B. Ⅱ 类支付账户

    C. Ⅲ 类支付账户　　　　　　　　　　D. 以上均可以

3. 关于李某支付账户的表述中，正确的是（　　）。

    A. 李某支付账户可用于消费

    B. 李某支付账户可用于转账

    C. 李某支付账户可用于购买投资理财等金融类产品

    D. 所有支付账户的余额付款交易年累计不超过 10 万元（不包括支付账户向客户本人同名银行账户转账）

4. 关于李某在甲餐饮公司付款的表述中，正确的是（　　）。

    A. A 支付机构不得代替 B 银行进行交易验证

B. B银行应当自主识别李某身份

C. M支付机构应当分别取得李某和B银行的协议授权

D. A支付机构可以存储李某银行卡的验证码信息

【第3题】

某商业企业是增值税一般纳税人，2023年1月发生如下业务：

（1）取得化妆品不含税销售收入400万元，采取以旧换新方式销售冰箱100台，新冰箱的零售价格为1.13万元/台，旧冰箱的含税作价为0.2万元/台，收取的含税差价款为0.93万元/台。

（2）采取预收货款方式销售电脑一批，当月取得预收款150万元，合同约定电脑于2月15日发出；将闲置办公设备出租，租赁期为2023年1月到2023年4月，每月不含税租金15万元，当月收取2个月的租金。

（3）购入一批货物，取得的增值税专用发票上注明价款150万元，增值税税额19.5万元；委托甲运输企业（增值税一般纳税人）运输货物，取得的增值税专用发票上注明运费5万元；接受乙广告公司（增值税一般纳税人）提供的广告服务，取得的增值税专用发票上注明金额20万元。

（4）月末进行盘点时发现，当月因管理不善造成上月从某增值税一般纳税人企业购入的服装被盗，该批服装（已抵扣进项税额）账面价值为24万元，其中运费成本4万元。假定相关票据在本月均通过比对并允许抵扣。

要求：根据上述资料，回答下列问题。

1. 该企业业务（1）应确认的增值税销项税额为（　　）万元。

A. 56.72　　　　B. 65　　　　C. 62.7　　　　D. 59.02

2. 该企业业务（2）应确认的增值税销项税额为（　　）万元。

A. 1.95　　　　B. 1.5　　　　C. 3.9　　　　D. 2.7

3. 该企业当月准予抵扣的进项税额为（　　）万元。

A. 18.19　　　　B. 27.25　　　　C. 28.67　　　　D. 29.64

4. 该企业当月应缴纳增值税（　　）万元。

A. 49.57　　　　B. 58.51　　　　C. 50.17　　　　D. 50.71

2025 年度初级资格考试
《经济法基础》全真模拟试题（八）

一、单项选择题（本类题共 23 小题，每小题 2 分，共 46 分。每小题备选答案中，只有一个符合题意的正确答案。错选、不选均不得分。）

1. 根据刑事法律制度的规定，下列各项中，属于管制法定量刑期的是（   ）。
   A. 15 天以下
   B. 1 个月以上 6 个月以下
   C. 3 个月以上 2 年以下
   D. 6 个月以上 15 年以下

2. 根据民事法律制度的规定，下列各项中，属于无民事权利能力的是（   ）。
   A. 刚出生的婴儿
   B. 病理性醉酒的病人
   C. 智能机器人
   D. 植物人

3. 下列各项中，不属于负债增减内容的是（   ）。
   A. 应付票据
   B. 应付利息
   C. 预收账款
   D. 应收账款

4. 根据会计法律制度的规定，下列关于结账要求的表述中，不正确的是（   ）。
   A. 年度终了，要把各账户的发生额结转到下一会计年度
   B. 年度终了结账时，所有总账账户都应当结出全年发生额和年末余额
   C. 各单位应当按照规定定期结账
   D. 结账时，应当结出每个账户的期末余额

5. 根据支付结算法律制度的规定，下列情形中，存款人应向开户银行提出撤销银行结算账户申请的是（   ）。
   A. 存款人名称变更的
   B. 存款人股权转让的
   C. 存款人被吊销营业执照的
   D. 存款人法定代表人变更的

6. 下列属于票据非基本当事人的是（   ）。
   A. 出票人
   B. 收款人
   C. 付款人
   D. 保证人

7. 甲酒厂为增值税一般纳税人，2023 年 8 月销售果木酒，取得不含增值税销售额 10 万元，同时收取包装费 0.565 万元、优质费 2.26 万元。已知果木酒消费税税率为

10%，增值税税率为 13%，甲酒厂当月销售果木酒应缴纳的消费税税额的下列计算中，正确的是（　　）。

  A. $(10+0.565+2.26)×10\%=1.28$（万元）

  B. $[10+(0.565+2.26)÷(1+13\%)]×10\%=1.25$（万元）

  C. $(10+0.565)×10\%=1.06$（万元）

  D. $[10+0.565÷(1+13\%)]×10\%=1.05$（万元）

8. 某电脑股份有限公司是增值税一般纳税人，2023 年 9 月销售给某商场 100 台电脑，不含税单价为 4 300 元/台，已开具税控专用发票。双方议定送货上门，另收取商场运费 1 500 元（不含税），开具普通发票。该电脑股份有限公司该笔业务的销项税额为（　　）元。

  A. 56 035   B. 68 800   C. 68 750   D. 68 320

9. 甲植物油厂为增值税一般纳税人，2022 年 7 月从农民手中收购一批花生，农产品收购发票上注明买价为 182 000 元，甲植物油厂当月将收购的花生 80% 用于加工食用植物油，剩余的部分用于无偿赠送给客户，已知购进农产品按 9% 的扣除率计算进项税额，计算甲植物油厂当月上述业务准予抵扣的进项税额的下列算式中，正确的是（　　）。

  A. $182\,000×9\%=16\,380$（元）

  B. $182\,000÷(1-9\%)×9\%=18\,000$（元）

  C. $182\,000×9\%×80\%=13\,104$（元）

  D. $182\,000÷(1-9\%)×9\%×80\%=14\,400$（元）

10. 甲公司为增值税一般纳税人。2023 年 10 月向税务机关实际缴纳增值税 100 万元、消费税 20 万元；向海关实际缴纳进口环节增值税 40 万元。已知，城市维护建设税税率为 7%。甲公司当月应缴纳城市维护建设税税额为（　　）万元。

  A. 7   B. 9.8   C. 8.4   D. 11.2

11. 甲公司为居民企业，2024 年度取得境内所得 1 000 万元、境外所得 100 万元，已在境外缴纳企业所得税税款 20 万元。已知企业所得税税率为 25%。计算甲公司 2024 年度应缴纳企业所得税税额的下列算式中，正确的是（　　）。

  A. $1\,000×25\%=250$（万元）

  B. $1\,000×25\%-100×25\%=225$（万元）

  C. $(1\,000+100)×25\%-20=255$（万元）

  D. $(1\,000+100)×25\%=275$（万元）

12. 2024 年 1 月，王某在境内公开发行和转让市场购入 A 上市公司股票，当年 7 月取得该上市公司分配的股息 4 000 元，8 月将持有的股票全部卖出。已知利息、股息、红利所得个人所得税税率为 20%，根据个人所得税法律制度的规定，计算王某该笔股息所得应缴纳个人所得税税额的下列选项中，正确的是（　　）。

  A. $4\,000×20\%=800$（元）

  B. $4\,000×(1-20\%)×20\%=640$（元）

    C. 4 000 × (1 − 20%) × 50% × 20% = 320（元）

    D. 4 000 × 50% × 20% = 400（元）

13. 下列各项中，不应当按照工资、薪金所得项目征收个人所得税的是（　　）。

    A. 劳动分红   B. 离退休后再任职的收入

    C. 差旅费津贴   D. 发放给职工的午餐费

14. 王某转让一处商铺，取得收入 1 000 万元，已知该商铺购买原价是 100 万元，转让过程中发生可以税前扣除的各项合理费用合计 20 万元。则王某出售该商铺应缴纳的个人所得税是（　　）万元。

    A. 200   B. 180   C. 176   D. 88

15. 根据房产税法律制度的规定，下列房屋中，不属于房产税免税项目的是（　　）。

    A. 宗教寺庙自用的房产   B. 高校学生公寓

    C. 个人出租的住房   D. 老年服务机构自用的房产

16. 甲公司于 2024 年 11 月向乙公司购买一处闲置厂房，合同注明的土地使用权价款 3 500 万元（不含增值税），厂房及地上附着物价款 900 万元（不含增值税），已知当地规定的契税税率为 5%，甲公司应缴纳的契税税额为（　　）万元。

    A. 45   B. 130   C. 175   D. 220

17. 下列关于车船税滞纳金的计算说法中，错误的是（　　）。

    A. 对于纳税人在应购买"交强险"截止日期以后购买"交强险"的，或以前年度没有缴纳车船税的，保险机构在代收代缴税款的同时，还应代收代缴欠缴税款的滞纳金

    B. 保单中"滞纳金"项目为各年度欠税应加收滞纳金之和

    C. 每一年度欠税应加收的滞纳金 = 欠税金额 × 滞纳天数 × 0.5‰

    D. 滞纳天数的计算自应购买"交强险"截止日期的当日起到纳税人购买"交强险"当日止

18. 根据环境保护税法律制度的规定，下列各项中，不属于环境保护税征税范围的是（　　）。

    A. 工业噪声   B. 冶炼渣

    C. 尾矿   D. 电磁辐射

19. 根据欠税清缴制度的规定，纳税人的下列情形需要向抵押权人、质权人报告的是（　　）。

    A. 纳税人有解散、撤销、破产情形且尚未清算

    B. 纳税人有合并、分立情形的

    C. 欠缴税款数额较大（5 万元以上）的纳税人在处分其不动产或者大额资产前

    D. 纳税人有欠税情形而以其财产设定抵押、质押的

20. 希望公司欠缴税款 20 万元，同时又被税务机关处以罚款 10 万元。下列关于税

务机关对希望公司税款征收的表述中，正确的是（　　）。

　　A. 罚款优先于税收　　　　　　　B. 税收优先于罚款

　　C. 罚款应与税收同时征缴　　　　D. 缴纳税款后无须缴纳罚款

21. 根据税收征收管理法律制度的规定，税务机关作出的下列行政行为中，纳税人认为侵犯其合法权益时应当先申请行政复议，不履行行政复议决定再提起行政诉讼的是（　　）。

　　A. 加收滞纳金　　　　　　　　　B. 没收财物和违法所得

　　C. 罚款　　　　　　　　　　　　D. 发售发票

22. 3 年以上固定期限和无固定期限的劳动合同，试用期不得超过（　　）。

　　A. 6 个月　　　　　　　　　　　B. 2 个月

　　C. 1 年　　　　　　　　　　　　D. 9 个月

23. 甲公司职工张某已参加职工基本养老保险，月工资 4 200 元。已知甲公司所在地职工月平均工资为 8 000 元，甲公司所在地月最低工资标准为 2 400 元。计算甲公司每月应从张某工资中代扣代缴基本养老保险费的下列算式中，正确的是（　　）。

　　A. 2 400 × 8% = 192（元）　　　B. 2 400 × 3 × 8% = 600（元）

　　C. 4 200 × 8% = 336（元）　　　D. 8 000 × 60% × 8% = 384（元）

　　二、多项选择题（本类题共 10 小题，每小题 2 分，共 20 分。每小题备选答案中，有两个或两个以上符合题意的正确答案。请至少选择两个答案，全部选对得满分，少选得相应分值，多选、错选、不选均不得分。）

　　1. 下列属于《民法典》规定的法人解散情形的有（　　）。

　　A. 法人依法被吊销营业执照、登记证书，被责令关闭或者被撤销的

　　B. 因法人合并或者分立需要解散的

　　C. 法人的权力机构决议解散的

　　D. 法人章程规定的存续期间届满或者法人章程规定的其他解散事由出现

　　2. 根据会计法律制度的规定，下列关于伪造、变造会计凭证、会计账簿，编制虚假财务会计报告，隐匿或者故意销毁会计资料，尚不构成犯罪的情况下，可能的法律责任表述中，正确的有（　　）。

　　A. 警告、通报批评，没收违法所得

　　B. 对单位处以 5 000 元以上 10 万元以下的罚款

　　C. 对直接负责的主管人员处 200 万元以上的罚款

　　D. 会计人员 5 年内不得从事会计工作

　　3. 甲公司持有一张付款银行为 P 银行的转账支票，财务人员到 P 银行提示付款时应当办理的手续有（　　）。

　　A. 向 P 银行出示甲公司营业执照

　　B. 填制进账单

　　C. 在支票背面背书人签章栏加盖甲公司印章

D. 将支票交付 P 银行

4. 下列各项中，属于消费税征收环节的有（   ）。

　　A. 生产环节　　　　　　　　　　B. 零售环节

　　C. 批发环节　　　　　　　　　　D. 进口环节

5. 纳税人发生兼营行为，应当分别核算适用不同税率或者征收率的销售额，未分别核算销售额的，应当（   ）。

　　A. 兼有不同税率的应税销售行为，从高适用税率

　　B. 兼有不同税率的应税销售行为，适用主业税率

　　C. 兼有不同征收率的应税销售行为，从高适用征收率

　　D. 兼有不同征收率的应税销售行为，适用主业征收率

6. 根据企业所得税法律制度的规定，企业依照国务院有关主管部门或省级人民政府规定的范围和标准为职工缴纳的下列社会保险费中，在计算企业所得税应纳税所得额时准予扣除的有（   ）。

　　A. 基本养老保险费　　　　　　　B. 工伤保险费

　　C. 失业保险费　　　　　　　　　D. 基本医疗保险费

7. 根据企业所得税税收优惠相关规定，以下企业取得收入的情形，适用减按 90% 计入收入总额的税收优惠政策的有（   ）。

　　A. 购买地方政府债券取得利息收入

　　B. 保险公司为种植业、养殖业提供保险业务取得的保费收入

　　C. 金融机构农户小额贷款的利息收入

　　D. 海水养殖所得

8. 下列各项中，属于印花税免税项目的有（   ）。

　　A. 无息借款合同

　　B. 资金账簿

　　C. 技术合同

　　D. 农民销售农产品书立的买卖合同

9. 根据发票管理法律制度的规定，纳税人应当按照发票管理规定使用发票，下列各项中，纳税人不得进行的有（   ）。

　　A. 扩大发票使用范围　　　　　　B. 拆本使用发票

　　C. 转借、转让发票　　　　　　　D. 出售发票数据

10. 下列选项中，由个人缴纳基本养老保险费的有（   ）。

　　A. 无雇工的个体工商户　　　　　B. 灵活就业人员

　　C. 个人独资企业的员工　　　　　D. 有限责任公司的职员

三、判断题（本类题共 10 小题，每小题 1 分，共 10 分。请判断每小题的表述是否正确。每小题答题正确的得 1 分，错答、不答均不得分，也不扣分。）

1. 经济特区所在地的省、市的人大及其常委会可以制定在经济特区范围内实施的

法规。   （ ）

2. 自制原始凭证必须有上级单位领导人或者其指定的人员签名或者盖章。（ ）

3. 会计人员进行会计工作交接时，移交清册一般应填制一式两份，交接双方各执一份。   （ ）

4. 伪造出票签章属于票据伪造。   （ ）

5. 甲公司收到乙企业签发的支票后，公司办公楼遇火灾，支票被烧毁，在乙企业拒绝重新签发支票时，甲公司可以向人民法院提起诉讼。   （ ）

6. 在同一县设两个以上机构并实行统一核算的纳税人，将货物从一个机构移送至其他机构用于销售，视同销售，应缴纳增值税。   （ ）

7. 个人直接向农村义务教育的捐赠，在计算缴纳个人所得税时，准予在税前的所得额中全额扣除。   （ ）

8. 企业将开采的资源税应税产品自用于连续生产应税产品的，不缴纳资源税。
                                                                  （ ）

9. 纳税人在纳税期限内没有应纳税款的，不需要办理纳税申报。   （ ）

10. 劳动合同的变更就是对原合同内容的修改、补充、废止或者签订新的劳动合同。   （ ）

四、不定项选择题（本类题共 12 小题，每小题 2 分，共 24 分。每小题备选答案中，有一个或一个以上符合题意的正确答案，每小题全部选对得满分，少选得相应分值，多选、错选、不选均不得分。）

【第 1 题】

2023 年 10 月 10 日，甲公司为方便各部门购买零星办公用品，委派财务人员高某到乙支付机构购买了 5 万元的记名预付卡。当日，高某本人另外购买 2 万元的不记名预付卡用于家庭消费。甲公司员工用卡后，2023 年 12 月 27 日，高某为其中 2 张余额为零的记名预付卡进行最高限额充值。

要求：根据上述资料，不考虑其他因素，分析回答下列问题。

1. 乙支付机构发售预付卡的下列做法中，符合法律规定的是（   ）。

　　A. 将收取高某的 2 万元购卡资金用于购置固定资产

　　B. 按高某要求为甲公司开具 10 万元的购卡发票

　　C. 将收取甲公司的 5 万元购卡资金全额交存中国人民银行

　　D. 加强信息保护，确保甲公司和高某的信息安全

2. 按实名制要求，下列各项中，乙支付机构向甲公司发售预付卡应当登记的是（   ）。

　　A. 甲公司的名称

　　B. 购卡数量

　　C. 高某的姓名和有效身份证件号码

　　D. 预付卡卡号

3. 购买预付卡的下列资金结算方式中，高某可以采用的是（   ）。

    A. 使用甲公司现金支付 5 万元

    B. 使用甲公司转账支票支付 5 万元

    C. 使用本人现金支付 2 万元

    D. 使用本人信用卡透支 2 万元

4. 关于高某为甲公司预付卡充值的下列表述中，不正确的是（   ）。

    A. 高某可使用本人的预付卡为甲公司预付卡充值

    B. 高某可使用甲公司信用卡充值

    C. 高某可通过甲公司网上银行转账充值

    D. 高某本次可充值 5 万元

【第 2 题】

甲航空公司为增值税一般纳税人，主要提供国内国际运输服务，2023 年 10 月有关经营情况如下：

（1）提供国内旅客运输服务，取得含增值税票款收入 9 990 万元，特价机票改签、变更费 520.5 万元。

（2）代收转付航空意外保险费 200 万元，代收机场建设费（民航发展基金）266.4 万元，代收转付其他航空公司客票款 199.8 万元。

（3）出租飞机广告位取得含增值税收入 315 万元，同时收取延期付款违约金 4.68 万元。

已知：交通运输服务增值税税率为 9%，有形动产租赁服务增值税税率为 13%。

要求：根据上述资料，不考虑其他因素，分析回答下列问题。

1. 甲航空公司提供下列服务中，适用增值税零税率的是（   ）。

    A. 在境内载运货物出境   B. 在境外载运旅客入境

    C. 在境内载运旅客出境   D. 在境外载运货物入境

2. 甲航空公司当月取得下列款项中，不应计入销售额计征增值税的是（   ）。

    A. 代收转付航空意外保险费 200 万元

    B. 代收机场建设费（民航发展基金）266.4 万元

    C. 特价机票改签、变更费 520.5 万元

    D. 代收转付其他航空公司客票款 199.8 万元

3. 计算甲航空公司当月提供国内旅客运输服务增值税销项税额中，正确的是（   ）。

    A. $(9\,990+520.5)\div(1+9\%)\times9\%=867.84$（万元）

    B. $(9\,990+520.5+200+266.4)\times9\%=987.921$（万元）

    C. $(9\,990+200+266.4+199.8)\times9\%=959.058$（万元）

    D. $(9\,990+266.4+199.8)\div(1+9\%)\times9\%=863.36$（万元）

4. 计算甲航空公司当月提供飞机广告位出租服务增值税销项税额的下列算式正确的是（   ）。

A. （315＋4.68）÷（1＋13%）×13%＝36.78（万元）

B. 315÷（1＋13%）×13%＝36.24（万元）

C. 315×13%＝40.95（万元）

D. （315＋4.68）×13%＝41.56（万元）

【第3题】

居民个人刘某是个体工商户业主，主要从事餐饮业。刘某有一个孩子在读小学，另一个孩子在读高中。2024年有关收支情况如下：

（1）取得餐饮收入2 000 000元。

（2）因生产经营发生成本、费用、税金等1 000 000元，其中包括员工小张的工资80 000元、刘某本人工资200 000元、劳动保护支出10 000元、违规经营产生的罚款1 000元，业务招待费10 000元。

（3）刘某出租其另一处闲置房屋（非住房），取得不含增值税月租金10 000元，每月缴纳的可以税前扣的相关税费2 000元，每月为租户负担水电燃气费1 000元，7月因房屋漏水发生修缮费600元。

已知：刘某经营所得减除费用为60 000元，专项扣除为24 000元，子女教育专项附加扣除标准为每个子女2 000元/月，由刘某按扣除标准的100%扣除。个体工商户发生的与生产经营活动有关的业务招待费，按照实际发生额的60%扣除，但最高不得超过当年销售（营业）收入的5‰。财产租赁所得个人所得税税率为20%，每次收入超过4 000元的，减除20%的费用。

要求：根据上述资料，不考虑其他因素，分析回答下列问题。

1. 计算刘某2024年年度经营所得个人所得税应纳税所得额时，下列支出中，不得扣除的是（   ）。

A. 雇员小张的工资70 000元　　　　B. 罚款1 000元

C. 张某本人工资100 000元　　　　D. 劳动保护支出20 000元

2. 计算刘某2024年年度经营所得个人所得税应纳税所得额时，准予扣除的业务招待费是（   ）元。

A. 0　　　　　B. 6 000　　　　　C. 5 000　　　　　D. 8 000

3. 计算张某2024年年度经营所得个人所得税应纳税所得额的下列算式中，正确的是（   ）。

A. 2 000 000－1 000 000＋1 000＋200 000－60 000－24 000＝1 117 000（元）

B. 2 000 000－1 000 000＋100 000－60 000－24 000－2 000×2×12＝968 000（元）

C. 2 000 000－1 000 000＋1 000＋200 000＋（10 000－6 000）－60 000－24 000－2 000×12＝1 097 000（元）

D. 2 000 000－1 000 000＋1 000＋200 000＋（10 000－6 000）－60 000－24 000－2 000×2×12＝1 073 000（元）

4. 计算张某2024年7月财产租赁所得应缴纳个人所得税税额的下列算式中，正确的是（　　）。

    A.（10 000 - 2 000 - 1 000 - 600）×（1 - 20%）×20% = 1 024（元）

    B.（10 000 - 2 000 - 600）×（1 - 20%）×20% = 1 184（元）

    C.（10 000 - 2 000 - 800）×（1 - 20%）×20% = 1 152（元）

    D.（10 000 - 2 000）×20% = 1 600（元）

2025 年度初级资格考试
《经济法基础》全真模拟试题（一）
答案速查、参考答案及解析

答案速查

一、单项选择题

1. C	2. A	3. C	4. A	5. D	6. A	7. A	8. C
9. D	10. D	11. D	12. B	13. A	14. A	15. C	16. C
17. B	18. D	19. D	20. B	21. B	22. C	23. A	

二、多项选择题

1. ABC	2. AC	3. ABCD	4. ACD	5. ABC
6. ABCD	7. ABD	8. BCD	9. AC	10. ABC

三、判断题

1. ×	2. √	3. √	4. √	5. ×
6. ×	7. ×	8. √	9. ×	10. ×

四、不定项选择题

第1题	1. AB	2. A	3. C	4. B
第2题	1. C	2. A	3. D	4. AC
第3题	1. C	2. ABD	3. ABCD	4. ABD

参考答案及解析

一、单项选择题

1. 【答案】C
【解析】本题考核"法律关系的客体"。旅客运输合同的客体是运送旅客的行为。
【依据】《经济法基础》第一章第 14 页

2. 【答案】A
【解析】非营利法人是指为公益目的或者其他非营利目的成立，不向出资人、设立人或者会员分配所取得利润的法人。非营利法人包括事业单位、社会团体、基金会、社会服务机构等。
【依据】《经济法基础》第一章第 20 页

3. 【答案】C
【解析】会计记录的文字应当使用中文。在民族自治地方，会计记录可以同时使用当地通用的一种民族文字。在中华人民共和国境内的外商投资企业、外国企业和其他外国组织的会计记录可以同时使用一种外国文字。
【依据】《经济法基础》第二章第 32 页

4. 【答案】A
【解析】撤销银行结算账户时，应先撤销一般存款账户、专用存款账户、临时存款账户，并将账户资金转入基本存款账户，最后撤销基本存款账户，方可办理基本存款账户的撤销。
【依据】《经济法基础》第三章第 67 页

5. 【答案】D
【解析】持票人以欺诈、偷盗或者胁迫等手段取得票据的，或者明知有上述情形，出于恶意取得票的，不享有票据权利，孙某和王某均不享有票据权利。因税收、继承、赠与可以依法无偿取得票据的，票据权利不得优于其前手；赵某虽然是善意不知情的，但是其未支付合理对价，其票据权利不优于其前手王某，故赵某不享有票据权利。
【依据】《经济法基础》第三章第 82 页

6. 【答案】A
【解析】选项 A，存款利息不征收增值税。选项 B、C、D 均属于增值税的征税范围。
【依据】《经济法基础》第四章第 133 页

7. 【答案】A
【解析】应纳教育费附加 =（200 000 + 100 000）×3% = 9 000（元）。应纳地方教育

附加＝（200 000＋100 000）×2%＝6 000（元）。二者共计＝9 000＋6 000＝15 000（元）。

【依据】《经济法基础》第四章第 186 页

8.【答案】C

【解析】选项 A，转让不动产按照 5% 的征收率计算缴纳增值税。选项 B，以取得的全部价款和价外费用扣除支付的分包款后的余额为销售额，按照 3% 的征收率计算缴纳增值税。选项 D，销售使用过的固定资产以外的物品，应按 3% 征收率计算缴纳增值税。

【依据】《经济法基础》第四章第 135 页

9.【答案】D

【解析】外购已税实木地板生产实木地板，可以抵扣领用部分已纳消费税。应纳消费税＝240÷300×（200＋300）×5% －300×5%×80%＝8（万元）。

【依据】《经济法基础》第四章第 180 页

10.【答案】D

【解析】根据企业所得税相关法律制度，非金融企业向金融企业贷款发生的利息支出可以据实扣除；非金融企业向非金融企业贷款发生的利息支出不超过银行同期同类贷款利率的部分可以据实扣除，超过部分不能扣除。所以甲公司向银行贷款发生的利息 30 万元可以扣除，同期向非金融机构贷款的利息支出 70 万元只能税前扣除 30 万元。因此可以税前扣除的利息费用总共为 60 万元。

【依据】《经济法基础》第五章第 206 页

11.【答案】D

【解析】选项 D，企业发生的与生产经营活动无关的各种非广告性质的赞助支出不得税前扣除。

【依据】《经济法基础》第五章第 210 页

12.【答案】B

【解析】稿酬所得每次收入不超过 4 000 元的，减除费用按 800 元计算；每次收入 4 000 元以上的，减除费用按 20% 计算。稿酬所得的收入额减按 70% 计算。预扣率为 20%。

田某应预扣预缴的个人所得税税额＝80 000×（1－20%）×70%×20%＝8 960（元）。

【依据】《经济法基础》第五章第 246 页

13.【答案】A

【解析】专项扣除，包括居民个人按照国家规定的范围和标准缴纳的基本养老保险、基本医疗保险、失业保险等社会保险费和住房公积金等。

【依据】《经济法基础》第五章第 236 页

14.【答案】A

【解析】选项 A，房屋出租的，出租人为房产税的纳税人。选项 B，产权所有人、承典人均不在房产所在地的，房产代管人或者使用人为纳税人。选项 C，产权属于国家所有的，其经营管理的单位为纳税人。选项 D，产权未确定以及租典纠纷未解决的，房产代管人或者使用人为纳税人。

【依据】《经济法基础》第六章第 266 页

15.【答案】C

【解析】与转让房地产有关的税金，是指在转让房地产时缴纳的城市维护建设税、印花税，选项 C 不正确。

【依据】《经济法基础》第六章第 283 页

16.【答案】C

【解析】旧房及建筑物的评估价格是指在转让已使用的房屋及建筑物时，由政府批准设立的房地产评估机构（选项 C）评定的重置成本价乘以成新度折扣率后的价格。

【依据】《经济法基础》第六章第 283 页

17.【答案】B

【解析】军事设施、学校、幼儿园、社会福利机构、医疗机构占用耕地，免征耕地占用税。甲公司应缴纳耕地占用面积 = 180 000 − 1 000 − 7 000 = 172 000（平方米），应缴纳耕地占用税税额 =（180 000 − 1 000 − 7 000）× 30 = 5 160 000（元），选项 B 正确。

【依据】《经济法基础》第六章第 297 页

18.【答案】D

【解析】购置新车船，购置当年的应纳税额自纳税义务发生的当月起按月计算；车船税纳税义务发生时间为取得车船所有权或者管理权的当月，即 2024 年计算缴纳车船税的月份为 7 ~ 12 月，共 6 个月，排除选项 A、C。拖船的车船税税额按照机动船舶税额的 50% 计算，排除选项 B。

【依据】《经济法基础》第六章第 303 页

19.【答案】D

【解析】纳税人虚开增值税普通发票 100 份以上或者金额 400 万元以上的；税务代理人违反税收法律、行政法规造成纳税人未缴或者少缴税款 100 万元以上的，税务机关确定其为失信主体。

【依据】《经济法基础》第七章第 358 页

20.【答案】B

【解析】税务机关有根据认为从事生产、经营的纳税人有逃避纳税义务行为，可在规定的纳税期之前责令其限期缴纳应纳税款。逾期仍未缴纳的，税务机关有权采取其他税款征收措施。因此，本题中税务机关应先责令该蛋糕店缴纳税款。

【依据】《经济法基础》第七章第 347 页

21.【答案】B

【解析】复议机关审理税务行政复议案件，应当由 2 名以上行政复议工作人员参加，选项 B 错误。

【依据】《经济法基础》第七章第 362 页

22.【答案】C

【解析】劳动能力鉴定是指劳动功能障碍程度和生活自理障碍程度的等级鉴定。劳动功能障碍分为十个伤残等级，最重的为一级，最轻的为十级。生活自理障碍分为三个等级：生活完全不能自理、生活大部分不能自理和生活部分不能自理。劳动能力鉴定标准由国务院社会保险行政部门会同国务院卫生行政部门等部门制定。

【依据】《经济法基础》第八章第 412 页

23.【答案】A

【解析】用工单位应当严格控制劳务派遣用工数量，使用的被派遣劳动者数量不得超过其用工总量的 10%。该用工总量是指用工单位订立劳动合同人数与使用的被派遣劳动者人数之和。

【依据】《经济法基础》第八章第 393 页

二、多项选择题

1.【答案】ABC

【解析】选项 D 不正确，地方性法规与部门规章之间对同一事项的规定不一致，不能确定如何适用时，由国务院提出意见，国务院认为应当适用地方性法规的，应当决定在该地方适用地方性法规的规定；认为应当适用部门规章的，应当提请全国人大常委会裁决。

【依据】《经济法基础》第一章第 11 页

2.【答案】AC

【解析】对外开出的原始凭证，必须加盖本单位公章，因此选项 B 错误。支付款项的原始凭证，必须有收款单位和收款人的收款证明，因此选项 D 错误。

【依据】《经济法基础》第二章第 34 页

3.【答案】ABCD

【解析】单位和个人各种款项的结算，均可使用汇兑结算方式签发汇兑凭证记载的事项：（1）表明"信汇"或"电汇"的字样；（2）无条件支付的委托；（3）确定的金额；（4）收款人名称（在银行开立存款账户的，必须记载其账号）；（5）汇款人名称（在银行开立存款账户的，必须记载其账号）；（6）汇入地点、汇入行名称；（7）汇出地点、汇出行名称；（8）委托日期；（9）汇款人签章。

【依据】《经济法基础》第三章第 100 页

4.【答案】ACD

【解析】选项 B，贷记卡持卡人非现金交易可享受免息还款期和最低还款额待遇。

【依据】《经济法基础》第三章第 103 页

5.【答案】ABC

【解析】选项 D，被保险人获得的保险赔付是不征增值税项目，不属于免税项目。

【依据】《经济法基础》第四章第 133、150 页

6. 【答案】ABCD

【解析】"商务辅助服务"包括：企业管理服务、经纪代理服务、人力资源服务、安全保护服务。

【依据】《经济法基础》第四章第 129 页

7. 【答案】ABD

【解析】企业按规定范围和标准缴纳的五险一金、补充养老保险、补充医疗保险和企业财产保险支出，以及企业参加雇主责任险、公众责任险等责任保险，按照规定缴纳的保险费，可以在企业所得税前扣除；职工家庭财产保险支出是与企业生产、经营无关的支出，不得以保险费形式在企业所得税前扣除。

【依据】《经济法基础》第五章第 208 页

8. 【答案】BCD

【解析】契税的纳税义务发生时间是纳税人签订土地、房屋权属转移合同的当日；因改变土地、房屋用途等情形应当缴纳已经减征、免征契税的，纳税义务发生时间为改变有关土地、房屋用途等情形的当日；因改变土地性质、容积率等土地使用条件须补缴土地出让价款，应当缴纳契税的，纳税义务发生时间为改变土地使用条件当日，选项 B、C、D 正确。按规定不再需要办理土地、房屋权属登记的，纳税人应自纳税义务发生之日起 90 日内申报缴纳契税，选项 A 错误。

【依据】《经济法基础》第六章第 277 页

9. 【答案】AC

【解析】销售商品、提供服务以及从事其他经营活动的单位和个人，对外发生经营业务收取款项，收款方应当向付款方开具发票；在特殊情况下，由付款方向收款方开具发票。特殊情况是指：收购单位和扣缴义务人支付个人款项时；国家税务总局认为其他需要由付款方向收款方开具发票的。

【依据】《经济法基础》第七章第 339 页

10. 【答案】ABC

【解析】选项 A，文艺、体育、特种工艺单位录用人员，其年龄可以小于 16 周岁，但是必须依照国家有关规定，履行审批手续，并保障其接受义务教育的权利；选项 B，非全日制用工双方当事人可以订立口头协议；选项 C，劳动者不与用人单位订立书面劳动合同的，用人单位应当书面通知劳动者终止劳动关系。

【依据】《经济法基础》第八章第 371～373 页

三、判断题

1. 【答案】×

【解析】根据行为的表现形式的不同，可以将法律行为分为积极行为与消极行为。

【依据】《经济法基础》第一章第 16 页

2. 【答案】√

【解析】设区的市的人民代表大会及其常务委员会根据本市的具体情况和实际需要，在不同宪法、法律、行政法规和本省、自治区的地方性法规相抵触的前提下，可以对城乡建设与管理、生态文明建设、历史文化保护、基层治理等方面的事项制定地方性法规，法律对设区的市制定地方性法规的事项另有规定的，从其规定。

【依据】《经济法基础》第一章第7页

3.【答案】√

【解析】会计工作岗位可以一岗一人、一人多岗或一岗多人。

【依据】《经济法基础》第二章第52页

4.【答案】√

【解析】收入汇缴资金和业务支出资金是指基本存款账户存款人附属的非独立核算单位或派出机构发生的收入和支出的资金。收入汇缴账户除向其基本存款账户或预算外资金财政专用存款户划缴款项外，只收不付，不得支取现金。

【依据】《经济法基础》第三章第69页

5.【答案】×

【解析】卫星电视信号落地转接服务，按照增值电信服务缴纳增值税。

【依据】《经济法基础》第四章第128页

6.【答案】×

【解析】根据个人所得税法律制度的规定，特许权使用费是指个人提供专利权、商标权、著作权、非专利技术以及其他特许权的使用权取得的所得，包括个人取得特许权的经济赔偿收入。

【依据】《经济法基础》第五章第232页

7.【答案】×

【解析】购置的新车船，购置当年的应纳税额自纳税义务发生的当月起按月计算。应纳税额＝适用年基准税额÷12×应纳税月份数。

【依据】《经济法基础》第六章第303、305页

8.【答案】√

【解析】房产所有人、土地使用权所有人将房屋产权、土地使用权赠与直系亲属或承担直接赡养义务人的行为不征收土地增值税。

【依据】《经济法基础》第六章第280页

9.【答案】×

【解析】查账征收适用于财务会计制度健全，能够如实核算和提供生产经营情况，并能正确计算应纳税额和如实履行纳税义务的纳税人，本题中的某中央文化出版单位应采用查账征收方式。

【依据】《经济法基础》第七章第343页

10.【答案】×

【解析】工伤职工因日常生活或者就业需要，经劳动能力鉴定委员会确认，可以安装假肢、矫形器、假眼、假牙和配置轮椅等辅助器具，所需费用按照国家规定的标准

从工伤保险基金支付。

【依据】《经济法基础》第八章第 413 页

四、不定项选择题

【第 1 题】

1. 【答案】AB

【解析】选项 A、B、C，会计机构负责人、会计主管人员应当具备下列基本条件：
（1）……（2）具备会计师以上专业技术职务资格或者从事会计工作不少于 3 年
（3）……（4）……（5）……。选项 D，国家机关、国有企业、事业单位任用会计人员应当实行回避制度。

【依据】《经济法基础》第二章第 53 页

2. 【答案】A

【解析】选项 A，原始凭证金额有错误的，应当由出具单位重开，不得在原始凭证上更正。

【依据】《经济法基础》第二章第 34 页

3. 【答案】C

【解析】选项 C，单位合并后原各单位解散或者一方存续其他方解散的，原各单位的会计档案应当由合并后的单位统一保管。单位合并后原各单位仍存续的，其会计档案仍应当由原各单位保管。

【依据】《经济法基础》第二章第 44 页

4. 【答案】B

【解析】选项 B，因伪造、变造会计凭证、会计账簿，编制虚假财务会计报告，隐匿或者故意销毁依法应当保存的会计凭证、会计账簿、财务会计报告，尚不构成犯罪的，5 年内不得从事会计工作。

【依据】《经济法基础》第二章第 57 页

【第 2 题】

1. 【答案】C

【解析】由于销售额和折扣额在同一张发票上注明，所以要按照折扣后的销售额征收增值税，以旧换新方式销售的金银首饰以外的其他货物，以"不含增值税的新货物同期销售价格"为增值税的计税销售额，所以正确算式为 $[565\,000 \times (1 - 9\%) + 339\,000)] \div (1 + 13\%) \times 13\% = 98\,150$（元）。

【依据】《经济法基础》第四章第 138 页

2. 【答案】A

【解析】购进的贷款服务、餐饮服务、居民日常服务和娱乐服务，进项税额不得抵扣。所以正确算式为 $41\,600 + 1\,800 + 6\,000 = 49\,400$（元）。

【依据】《经济法基础》第四章第 143 页

3. 【答案】D

【解析】已经抵扣进项税额的固定资产，发生不得从销项税额中抵扣情形的，应在当月按下列公式计算不得抵扣的进项税额：不得抵扣的进项税额 = 固定资产净值×适用税率 = 100 000×13% = 13 000（元）。

【依据】《经济法基础》第四章第 143～144 页

4.【答案】AC

【解析】选项 B，房产税是甲公司持有该办公楼期间应缴纳的税种。选项 D，土地增值税的纳税人为转让国有土地使用权、地上建筑物及其附着物并取得收入的单位和个人，甲公司购进旧办公楼不缴纳土地增值税。

【依据】《经济法基础》第四章 141 页、第六章第 271 页

【第 3 题】

1.【答案】C

【解析】用人单位自"用工"之日起即与劳动者建立劳动关系。

【依据】《经济法基础》第八章第 372 页

2.【答案】ABD

【解析】（1）选项 A，劳动合同期限 1 年以上不满 3 年的，试用期不得超过 2 个月。（2）选项 B，劳动者在试用期间被证明不符合录用条件的，用人单位可以随时通知劳动者解除劳动关系。（3）选项 C，劳动者在试用期的工资不得低于本单位相同岗位最低档工资或者劳动合同约定工资的 80%（2 080 元），并不得低于用人单位所在地的最低工资标准。本题中 2 000 元低于 2 080 元，故不符合规定。（4）选项 D，试用期应包含在劳动合同期限内。

【依据】《经济法基础》第八章第 381 页

3.【答案】ABCD

【解析】（1）选项 A，用人单位与劳动者约定服务期的，不影响按正常的工资调整机制提高劳动者在服务期期间的劳动报酬。（2）选项 B，服务期一般长于劳动合同期限，劳动合同期满，但是用人单位与劳动者约定的服务期尚未到期的，劳动合同应当续延至服务期满；双方另有约定的，从其约定。（3）选项 C，劳动者违反服务期约定的，应当按照约定向用人单位支付违约金。违约金的数额不得超过用人单位提供的培训费用。（4）选项 D，用人单位为劳动者提供专项培训费用（法律对培训费用的支付数额未做限制性规定），对其进行专业技术培训的，可以与该劳动者订立协议，约定服务期。

【依据】《经济法基础》第八章第 381 页

4.【答案】ABD

【解析】劳动者违反服务期约定的，应当按照约定向用人单位支付违约金。违约金的数额不得超过用人单位提供的培训费用。劳动者因下列违纪等重大过错行为而被用人单位解除劳动关系的，用人单位仍有权要求其支付违约金：（1）劳动者严重违反用人单位的规章制度的；（2）劳动者严重失职，营私舞弊，给用人单位造成重大损害的；（3）劳动者同时与其他用人单位建立劳动关系，对完成本单位的工作任务造成严重影

响，或者经用人单位提出，拒不改正的；（4）劳动者以欺诈、胁迫的手段或者乘人之危，使用人单位在违背真实意思的情况下订立或者变更劳动合同的；（5）劳动者被依法追究刑事责任的。

【依据】《经济法基础》第八章第 382 页

2025 年度初级资格考试
《经济法基础》全真模拟试题（二）
答案速查、参考答案及解析

答案速查

一、单项选择题

1. B	2. A	3. A	4. C	5. C	6. A	7. D	8. B
9. D	10. B	11. D	12. A	13. D	14. C	15. C	16. D
17. C	18. D	19. C	20. A	21. D	22. B	23. B	

二、多项选择题

1. BCD	2. ACD	3. ABCD	4. ABCD	5. ACD
6. BD	7. AB	8. AB	9. ABCD	10. BC

三、判断题

1. ×	2. ×	3. √	4. ×	5. ×
6. √	7. ×	8. √	9. ×	10. √

四、不定项选择题

第1题	1. AB	2. D	3. C	4. C
第2题	1. D	2. BCD	3. A	4. C
第3题	1. AD	2. B	3. BCD	4. B

参考答案及解析

一、单项选择题

1. 【答案】B

【解析】选项 A、C、D，属于法律事件。

【依据】《经济法基础》第一章第 15 页

2. 【答案】A

【解析】选项 B、C、D，属于行政责任。

【依据】《经济法基础》第一章第 26 页

3. 【答案】A

【解析】在会计年度终了后，会计档案可由单位会计管理机构临时保管 1 年，再移交单位会计管理机构保管。因工作需要确需推迟移交的，应当经单位档案管理机构同意。单位会计管理机构临时保管会计档案最长不超过 3 年。

【依据】《经济法基础》第二章第 41 页

4. 【答案】C

【解析】移交人员对所移交的会计凭证、会计账簿、会计报表和其他有关资料的合法性、真实性承担法律责任。接替人员应当认真接管移交工作，并继续办理移交的未了事项。

【依据】《经济法基础》第二章第 56 页

5. 【答案】C

【解析】选项 A、B，将票据金额的一部分转让或者将票据金额分别转让给两人以上的，背书无效；选项 D，背书时附有条件的，所附条件不具有票据上的效力。

【依据】《经济法基础》第三章第 79 页

6. 【答案】A

【解析】付款人或者代理付款人自收到挂失止付通知书之日起 12 日内没有收到人民法院的止付通知书的，自第 13 日起，不再承担止付责任，持票人提示付款即依法向持票人付款。

【依据】《经济法基础》第三章第 83 页

7. 【答案】D

【解析】银行本票的提示付款期限自出票日起最长不得超过 2 个月。

【依据】《经济法基础》第三章第 86 页

8. 【答案】B

【解析】纳税人发生应税销售行为适用免税规定的，可以放弃免税，放弃免税后，36 个月不得再申请免税。

【依据】《经济法基础》第四章第 154 页

9. 【答案】D

【解析】纳税人将适用税率不同的应税消费品组成成套消费品销售的，从高适用税率征收消费税。该化妆品厂当月应缴纳消费税 =240×15% +2×（1 +5%）÷（1 -15%）× 15% =36. 37（万元）。

【依据】《经济法基础》第四章第 172 页

10. 【答案】B

【解析】在委托加工应税消费品业务中，消费税的纳税人是委托方，受托方（个人除外）只是消费税的代收代缴义务人，不是纳税义务人。

【依据】《经济法基础》第四章第 165 页

11. 【答案】D

【解析】根据企业所得税的规定，企业发生的税收滞纳金、企业所得税税款、赞助支出不允许税前扣除，产品成本可以税前扣除，所以答案为选项 D。

【依据】《经济法基础》第五章第 210 页

12. 【答案】A

【解析】本题考核利息费用的扣除规定。非金融企业向金融企业借款的利息支出可据实扣除。向银行借款的利息准予扣除，为 200×8% ÷2 =8（万元）；非金融企业向非金融企业借款的利息支出，不超过按照金融企业同期同类贷款利率计算的数额的部分可据实扣除，超过部分不许扣除。向供应商的借款，在 8% 以内的可以扣除，为 400× 8% ÷2 =16（万元），该企业当年可以在所得税前扣除的利息费用为 8 +16 =24（万元）。

【依据】《经济法基础》第五章第 206 页

13. 【答案】D

【解析】2027 年 12 月 31 日前，对保险公司为种植业、养殖业提供保险业务取得的保费收入，在计算应纳税所得额时，按 90% 计入收入总额。保费收入，是指原保险保费收入加上分保费收入减去分出保费后的余额。因此，题目所提的保费收入应按 90 万元（100×90%）计入收入总额。

【依据】《经济法基础》第五章第 222 页

14. 【答案】C

【解析】选项 A、B、D，按月或按次由扣缴义务人代扣代缴税款。

【依据】《经济法基础》第五章第 263 页

15. 【答案】C

【解析】偶然所得应以每次收入全额计税，除另有规定外，没有任何扣除。偶然所得应纳税额的计算公式为：应纳税额 =应纳税所得额×适用税率 =每次收入数×20% = 5 000×20% =1 000（元）。

【依据】《经济法基础》第五章第 248 页

16. 【答案】D

【解析】甲公司进口自用小汽车应纳车辆购置税税额 =（关税计税价格 +关税 +消

费税）×10%＝(60＋15＋25)×10%＝10（万元）。

【依据】《经济法基础》第四章第 188 页

17.【答案】C

【解析】从价计征的房产税应纳税额＝应税房产原值×(1－扣除比例)×1.2%。甲公司 2024 年应缴纳房产税税额＝8 000×(1－30%)×1.2%＝67.2（万元），选项 C 正确。

【依据】《经济法基础》第六章第 268 页

18.【答案】D

【解析】免征城镇土地使用税的有：(1) 国家机关、人民团体、军队自用的土地（选项 C）；(2) 由国家财政部门拨付事业经费的单位自用的土地；(3) 宗教寺庙、公园、名胜古迹自用的土地（选项 A）；(4) 市政街道、广场、绿化地带等公共用地（选项 B）；(5) 直接用于农、林、牧、渔业的生产用地；(6) 经批准开山填海整治的土地和改造的废弃土地，从使用的月份起免缴土地使用税 5～10 年；(7) 由财政部另行规定免税的能源、交通、水利设施用地和其他用地。选项 D，民航机场绿化用地不属于城镇土地使用税免税项目。

【依据】《经济法基础》第六章第 291 页

19.【答案】C

【解析】为避免对一块土地同时征收耕地占用税和城镇土地使用税，凡是缴纳了耕地占用税的，从批准征用之日起满 1 年后征收城镇土地使用税，选项 A 错误。对免税单位无偿使用纳税单位的土地（如公安、海关等单位使用铁路、民航等单位的土地），免征城镇土地使用税；对纳税单位无偿使用免税单位的土地，纳税单位应照章缴纳城镇土地使用税，选项 B 错误。对于各类危险品仓库、厂房所需的防火、防爆、防毒等安全防范用地，可由各省、自治区、直辖市税务局确定，暂免征收城镇土地使用税，选项 C 正确。地质勘探、钻井、井下作业、油气田地面工程等施工临时用地免征收城镇土地使用税，选项 D 错误。

【依据】《经济法基础》第六章第 291～293 页

20.【答案】A

【解析】对各级税务局的行政行为不服的，向其上一级税务局申请行政复议，本题中，张某对 F 县税务局作出的罚款和加处罚款的行政行为均不服，应向其上一级税务局 E 市税务局申请行政复议。

【依据】《经济法基础》第七章第 361 页

21.【答案】D

【解析】纳税保证须经税务机关认可，税务机关不认可的，保证不成立，选项 A 错误；纳税保证为连带责任保证，纳税人和纳税保证人对所担保的税款及滞纳金承担连带责任，选项 B 错误；纳税保证自税务机关在纳税担保书签字盖章之日起生效，选项 C 错误。

【依据】《经济法基础》第七章第 348 页

22.【答案】B

【解析】用人单位应当自用工之日起 30 日内为其职工向社会保险经办机构申请办理社会保险登记。

【依据】《经济法基础》第八章第 418 页

23.【答案】B

【解析】因劳动者本人原因给用人单位造成经济损失的，用人单位可按照劳动合同的约定要求其赔偿经济损失。经济损失的赔偿，可从劳动者本人的工资中扣除。但每月扣除的部分不得超过劳动者当月工资的 20%。若扣除后的剩余工资部分低于当地月最低工资标准，则按最低工资标准支付。本题中，张某当月工资的 80% = 4 800 × 80% = 3 840（元），甲工厂所在地月最低工资标准为 2 200 元。甲工厂每月至少应按照上述两个标准的孰高值（3 840 元）向张某发放工资。因此，甲工厂每月可从张某工资中扣除的最高限额 = 4 800 - 3 840 = 960（元）。

【依据】《经济法基础》第八章第 380 页

二、多项选择题

1.【答案】BCD

【解析】附加刑包括：罚金、剥夺政治权利、没收财产、驱逐出境。

【依据】《经济法基础》第一章第 27 页

2.【答案】ACD

【解析】在我国，只有国家机关依照法定权限和程序制定的具有普遍约束力的规范性法律文件，才是法的渊源。我国的法律渊源主要表现为以宪法为核心的各种制定法，包括宪法、法律、行政法规、地方性法规、自治条例和单行条例、特别行政区的法、规章（包括部门规章及地方政府规章）以及我国缔结或加入并生效的国际条约等。

【依据】《经济法基础》第一章第 7 ~ 9 页

3.【答案】ABCD

【解析】各单位应当建立财产清查制度。主要内容包括：财产清查的范围、财产清查的组织、财产清查的期限和方法、对财产清查中发现问题的处理办法、对财产管理人员的奖惩办法。

【依据】《经济法基础》第二章第 39 页

4.【答案】ABCD

【解析】签发银行本票时必须记载的事项：（1）表明"银行本票"的字样；（2）无条件支付的承诺；（3）确定的金额；（4）收款人名称；（5）出票日期；（6）出票人签章。

【依据】《经济法基础》第三章第 96 页

5.【答案】ACD

【解析】将外购货物用于个人消费，其购进货物的进项税额不得抵扣，不属于视同销售货物的情形。

【依据】《经济法基础》第四章第 131 页

6.【答案】BD

【解析】选项 A、C 属于不征税收入。要注意区分不征税收入与免税收入的区别。

【依据】《经济法基础》第五章第 203、217 页

7.【答案】AB

【答案】根据税务征收管理法律制度的规定，企业、企业在外地设立的分支机构和从事生产、经营的场所，个体工商户和从事生产、经营的事业单位，都应当办理税务登记。前述规定以外的纳税人，除国家机关、个人和无固定生产、经营场所的流动性农村小商贩外，也应当办理税务登记。即国家机关、个人、无固定生产、经营场所的流动性农村小商贩不用办理税务登记。

【依据】《经济法基础》第七章第 333 页

8.【答案】AB

【解析】海关主要负责关税、船舶吨税的征收；进口环节的增值税、消费税由海关代征。

【依据】《经济法基础》第七章第 330 页

9.【答案】ABCD

【解析】在解除或者终止劳动合同后，竞业限制人员到与本单位生产或者经营同类产品、从事同类业务的有竞争关系的其他用人单位工作，或者自己开业生产或者经营同类产品、从事同类业务的竞业限制期限，不得超过 2 年。

【依据】《经济法基础》第八章第 383 页

10.【答案】BC

【解析】选项 B，如医疗期内遇合同期满，则合同必须续延至医疗期满，职工在此期间仍然享受医疗期内待遇；选项 C，对某些患特殊疾病（如癌症、精神病、瘫痪等）的职工，在 24 个月内尚不能痊愈的，经企业和劳动主管部门批准，可以适当延长医疗期。

【依据】《经济法基础》第八章第 409～410 页

三、判断题

1.【答案】×

【解析】法人的行为能力和权利能力是一致的，同时产生、同时消灭。

【依据】《经济法基础》第一章第 23 页

2.【答案】×

【解析】法律事实分为法律事件、法律行为和事实行为。其中法律事件指不以当事人的主观意志为转移的，能够引起法律关系发生、变更和消灭的法定情况或现象；事实行为是与法律关系主体的意思表示无关，由法律直接规定法律后果的行为，常见的事实行为包括无因管理行为、正当防卫行为、紧急避险行为、侵权行为、违约行为、遗失物的拾得行为及埋藏物的发现行为等。地震属于法律事件，不属于事实行为。

【依据】《经济法基础》第一章第 15 ~ 17 页

3. 【答案】√

【解析】本题题干表述正确。

【依据】《经济法基础》第二章第 50 页

4. 【答案】×

【解析】汇出银行受理汇款人签发的汇兑凭证，经审查无误后，应及时向汇入银行办理汇款，并向汇款人签发汇款回单。汇款回单只能作为汇出银行受理汇款的依据，不能作为该笔汇款已转入收款人账户的证明。汇入银行对开立存款账户的收款人，应将汇入的款项直接转入收款人账户，并向其发出收账通知。收账通知是银行将款项确已收入收款人账户的凭据。

【依据】《经济法基础》第三章第 100 页

5. 【答案】×

【解析】委托加工应税消费品，受托方为消费税的扣缴义务人，纳税人仍是委托方。

【依据】《经济法基础》第四章第 165 页

6. 【答案】√

【解析】本题题干表述正确。

【依据】《经济法基础》第五章第 262 页

7. 【答案】×

【解析】纳税人应在转让房地产合同签订后 7 日内，到房地产所在地主管税务机关办理纳税申报，并向税务机关提交房屋及建筑物产权、土地使用权证书，土地转让、房产买卖合同、房地产评估报告及其他与转让房地产有关的资料，然后在税务机关规定的期限内缴纳土地增值税。

【依据】《经济法基础》第六章第 287 页

8. 【答案】√

【解析】房屋出租不转移房屋权属，不属于契税的征税范围。

【依据】《经济法基础》第六章第 271 页

9. 【答案】×

【解析】从事生产、经营的个人应办而未办营业执照，但发生纳税义务的，可以按规定申请办理临时税务登记。

【依据】《经济法基础》第七章第 336 ~ 337 页

10. 【答案】√

【解析】因工伤发生的下列费用，按照国家规定由用人单位支付：（1）治疗工伤期间的工资福利；（2）五级、六级伤残职工按月领取的伤残津贴；（3）终止或者解除劳动合同时，应当享受的一次性伤残就业补助金。

【依据】《经济法基础》第八章第 414 页

四、不定项选择题

【第 1 题】

1.【答案】AB

【解析】从销售方取得的增值税专用发票（含税控机动车销售统一发票，下同）上注明的增值税税额和从海关取得的海关进口增值税专用缴款书上注明的增值税税额，都是准予从销项税额中抵扣的进项税额。选项 A、B 正确。选项 C、D 是普通发票，不准抵扣。

【依据】《经济法基础》第四章第 141 页

2.【答案】D

【解析】纳税人购进国内旅客运输服务未取得增值税专用发票的，按照下列公式计算进项税额：取得注明旅客身份信息的铁路车票的，其进项税额 = 票面金额 ÷（1 + 9%）× 9%；取得注明旅客身份信息的公路、水路等其他客票的，其进项税额 = 票面金额 ÷（1 + 3%）× 3%。

【依据】《经济法基础》第四章第 141 页

3.【答案】C

【解析】采取赊销和分期收款方式销售货物，为书面合同约定的收款日期的当天，无书面合同的或者书面合同没有确定收款日期的，为货物发出的当天。采取预收货款方式销售货物，为货物发出的当天，但生产销售工期超过 12 个月的大型设备、船舶、飞机等货物，为收到预收款或者书面合同约定的收款日期的当天。本题中，销售 T 型设备，合同确定了收款日期，因此，金额为 226 ÷（1 + 13%）× 13% = 26（万元）；销售 Y 型设备，生产工期超过 12 个月，因此为收到预收款的当天，金额为 960.5 ÷（1 + 13%）× 13% = 110.5（万元）。合计销项税额 = 26 + 110.5 = 136.5（万元）。

【依据】《经济法基础》第四章第 155 页

4.【答案】C

【解析】中国境外单位或者个人在境内发生应税行为，在境内未设有经营机构的，以其境内代理人为扣缴义务人，在境内没有代理人的，以购买方为扣缴义务人。应扣缴税额 = 购买方支付的价款 ÷（1 + 税率）× 税率 = 99.64 ÷（1 + 6%）× 6% = 5.64（万元）。

【依据】《经济法基础》第四章第 126 页

【第 2 题】

1.【答案】D

【解析】临时存款账户是指存款人因临时需要并在规定期限内使用而开立的银行结算账户。

【依据】《经济法基础》第三章第 71 页

2.【答案】BCD

【解析】支票的提示付款期限自出票日起 10 日。

【依据】《经济法基础》第三章第 99 页

3.【答案】A

【解析】支票持票人超过提示付款期限提示付款的，付款人可以不予付款，付款人不予付款的，出票人仍应对持票人承担票据责任。

【依据】《经济法基础》第三章第 85 页

4.【答案】C

【解析】汇兑是汇款人委托银行将其款项支付给收款人的结算方式。汇兑分为信汇、电汇两种。

【依据】《经济法基础》第三章第 100 页

【第 3 题】

1.【答案】AD

【解析】纳税人接受技能人员职业资格继续教育、专业技术人员职业资格继续教育支出，在取得相关证书的年度，按照每年 3 600 元定额扣除。非首套住房贷款利息支出，纳税人不得扣除。纳税人只能享受一套首套住房贷款利息扣除，所以选项 B、C 错误。

【依据】《经济法基础》第五章第 236～237 页

2.【答案】B

【解析】根据个人所得税法的规定，对于作者将自己的文字作品手稿原件或复印件公开拍卖取得的所得属于提供著作权的使用所得，应按照"特许权使用费所得"征收个人所得税。

【依据】《经济法基础》第五章第 232 页

3.【答案】BCD

【解析】选项 A 需要缴纳个人所得税。

【依据】《经济法基础》第五章第 257～258 页

4.【答案】B

【解析】根据个人所得税法律制度的规定，居民个人工资薪金所得、劳务报酬所得、稿酬所得、特许权使用费所得应计入综合所得合并纳税。专项扣除 $= 8\,000 \times (8\% + 2\% + 0.5\% + 12\%) \times 12 = 21\,600$（元）。王某综合所得应缴纳个人所得税的计算公式为：$[10\,000 \times 12 + 20\,000 + 10\,000 \times (1 - 20\%) \times 70\% + 100\,000 \times (1 - 20\%) + 4\,500 \times (1 - 20\%) - 60\,000 - 21\,600 - 24\,000 - 3\,600 - 36\,000] \times 10\% - 2\,520 = 5\,880$（元）。

【依据】《经济法基础》第五章第 244 页

2025 年度初级资格考试
《经济法基础》全真模拟试题（三）
答案速查、参考答案及解析

答案速查

一、单项选择题

1. D	2. C	3. B	4. B	5. B	6. D	7. B	8. D
9. B	10. D	11. B	12. A	13. C	14. C	15. A	16. B
17. D	18. B	19. C	20. A	21. A	22. B	23. C	

二、多项选择题

1. CD	2. ABC	3. ACD	4. BCD	5. ABC
6. BD	7. BCD	8. ABD	9. AC	10. AB

三、判断题

1. ×	2. ×	3. ×	4. ×	5. √
6. √	7. ×	8. ×	9. ×	10. ×

四、不定项选择题

第1题	1. ABCD	2. ABC	3. BC	4. AD
第2题	1. D	2. ABCD	3. B	4. CD
第3题	1. ABCD	2. ACD	3. A	4. D

参考答案及解析

一、单项选择题

1. 【答案】D

【解析】法律事实分为法律事件、法律行为和事实行为。法律事件是指不以当事人的主观意志为转移的，能够引起法律关系发生、变更和消灭的法定情况或现象，其中由自然现象引起的事实称为自然事件、绝对事件，由社会现象引起的事实又称社会事件、相对事件；法律行为是法律关系主体通过意思表示设立、变更、终止法律关系的行为；事实行为是与法律关系主体的意思表示无关，由法律直接规定法律后果的行为，常见的事实行为包括无因管理行为、正当防卫行为、紧急避险行为、侵权行为、违约行为、遗失物的拾得行为及埋藏物的发现行为等。选项 A 属于事实行为；选项 B 属于法律行为；选项 C 属于法律事件中的绝对事件。

【依据】《经济法基础》第一章第 15 页

2. 【答案】C

【解析】民事责任：停止侵害、排除妨碍、消除危险、返还财产、恢复原状、修理、重作、更换、继续履行、赔偿损失、支付违约金、消除影响、恢复名誉、赔礼道歉。

【依据】《经济法基础》第一章第 25 页

3. 【答案】B

【解析】选项 B 不正确，当注册会计师认为财务报表在所有重大方面按照适用的财务报告编制基础的规定编制并实现公允反映时，应发表无保留意见。

【依据】《经济法基础》第二章第 48 页

4. 【答案】B

【解析】银行承兑汇票的出票人应于汇票到期前将票款足额交存其开户银行，银行承兑汇票的出票人于汇票到期日未能足额交存票款时，承兑银行付款后，对出票人尚未支付的汇票金额按照每天 0.5‰计收利息。

【依据】《经济法基础》第三章第 96 页

5. 【答案】B

【解析】汇兑是汇款人委托银行将其款项支付给收款人的结算方式。

【依据】《经济法基础》第三章第 100 页

6. 【答案】D

【解析】单位一次性购买预付卡 5 000 元以上，应当通过银行转账等非现金结算方式购买，不得使用现金。

【依据】《经济法基础》第三章第 112 页

7. 【答案】B

【解析】根据《增值税暂行条例》的规定，采取托收承付和委托收款方式销售货物，为发出货物并办妥托收手续的当天。

【依据】《经济法基础》第四章第 155 页

8.【答案】D

【解析】进口货物的关税计税价格以成交价格以及该货物运抵中华人民共和国境内输入地点起卸前的运输及其相关费用、保险费为基础确定。进出口货物应纳关税税额的计算公式为：应纳税额 = 应税进出口货物计税价格 × 适用税率 = （1 800 + 60 + 3）× 10% = 186.3（万元）。

【依据】《经济法基础》第四章第 191 ~ 193 页

9.【答案】B

【解析】卷烟的消费税分为从价计征和从量计征两部分。90 400 元是含增值税的销售额，需要先做价税分离，所以选项 B 正确。

【依据】《经济法基础》第四章第 171 页

10.【答案】D

【解析】白酒的消费税分为从价计征和从量计征两部分，从价计征部分需要先做价税分离，去除增值税，得到不含增值税部分销售额，所以选项 D 正确。

【依据】《经济法基础》第四章第 171 页

11.【答案】B

【解析】城市维护建设税以纳税人依法实际缴纳的"增值税、消费税税额"为计税依据。选项 B 正确。

【依据】《经济法基础》第四章第 185 页

12.【答案】A

【解析】销售货物所得，按照交易活动发生地确定，选项 B 不正确；股息、红利等权益性投资所得，按照分配所得的企业所在地确定，选项 C 不正确；不动产转让所得按照不动产所在地确定，选项 D 不正确。

【依据】《经济法基础》第五章第 200 页

13.【答案】C

【解析】根据企业所得税法律制度的规定，公益性捐赠是指企业通过公益性社会组织或者县级（含县级）以上人民政府及其组成部门和直属机构，用于慈善活动、公益事业的捐赠支出，直接捐赠不允许税前扣除。企业发生的公益性捐赠不超过年度利润总额 12% 的部分可以在计算应纳税所得额时扣除，所以准予扣除的捐赠限额是 100 × 12% = 12（万元），小于 10 + 4 = 14（万元）。所以准予扣除的捐赠额是 12 万元。

【依据】《经济法基础》第五章第 206 ~ 207 页

14.【答案】C

【解析】经营所得不得扣除的项目：（1）个人所得税税款（选项 D）；（2）税收滞纳金（选项 A）；（3）罚金、罚款和被没收财物的损失；（4）不符合扣除规定的捐赠支出；（5）赞助支出（选项B）；（6）用于个人和家庭的支出；（7）与取得生产经营收入无关的其他支出；（8）国家税务总局规定不准扣除的支出（例如，未经核准计提的各种准备金）。

【依据】《经济法基础》第五章第210页

15.【答案】A

【解析】应纳税额＝［每次（月）收入额－财产租赁过程中缴纳的税费－由纳税人负担的租赁财产实际开支的修缮费用（800元为限）－800元］×20%

由于个人出租住房取得的所得暂减按10%税率征收个人所得税，所以张某应纳税额＝（3 900－100－800）×10%＝300（元）。

【依据】《经济法基础》第五章第247~248页

16.【答案】B

【解析】房屋出租的，以取得的不含增值税租金收入为计税依据，不得扣除住房贷款支出。当月收取租金2 000元未超过30 000元，可以享受小微企业免征增值税的优惠政策，故其不含增值税。张某当月应纳房产税＝2 000×4%＝80（元），选项B正确。

【依据】《经济法基础》第六章第268页

17.【答案】D

【解析】对盐场、盐矿的生产厂房、办公、生活区用地，应照章征收城镇土地使用税。盐场的盐滩、盐矿的矿井用地，暂免征收城镇土地使用税。因此，甲盐场应当缴纳城镇土地使用税的面积＝35 000＋15 000＝50 000（平方米），或者＝300 000－250 000＝50 000（平方米），选项D正确。

【依据】《经济法基础》第六章第292页

18.【答案】B

【解析】火电厂厂区围墙内的用地均应征收城镇土地使用税。对厂区围墙外的灰场、输灰管、输油（气）管道、铁路专用线用地，免征城镇土地使用税；厂区围墙外的其他用地，应照章征税。因此，甲火电厂当年应缴纳的城镇土地使用税＝（90－4）×2＝172（万元），选项B正确。

【依据】《经济法基础》第六章第292、293页

19.【答案】C

【解析】租期内全部租金＝2×2×2＝8（万元），租赁合同应当以凭证所载租赁金额作为计税依据，又由于签订合同的各方当事人都是印花税的纳税人，因此，该租赁合同双方当事人甲公司和乙公司共计应缴印花税＝80 000×1‰×2＝160（元）。

【依据】《经济法基础》第六章第322页

20.【答案】A

【解析】每一年度欠税应加收的滞纳金＝欠税金额×滞纳天数×0.5‰。甲公司按规定最晚应于3月15日缴纳应纳税款，从3月16日开始计算滞纳金，截至4月25日，滞纳天数为41天（16＋25），滞纳金算式应为400 000×0.5‰×41＝8 200（元）。

【依据】《经济法基础》第七章第 347 页

21.【答案】A

【解析】根据税收征收管理法律制度的规定，失信主体信息自公布之日起满 3 年的，税务机关在 5 个工作日内停止信息公布。

【依据】《经济法基础》第七章第 359 页

22.【答案】B

【解析】劳动合同由用人单位与劳动者协商一致，并经用人单位与劳动者在劳动合同文本上签字或者盖章生效。

【依据】《经济法基础》第八章第 374 页

23.【答案】C

【解析】基本养老保险待遇低于伤残津贴的，由工伤保险基金补足差额。

【依据】《经济法基础》第八章第 414 页

二、多项选择题

1.【答案】CD

【解析】选项 A，具备法人条件，为适应经济社会发展需要，提供公益服务设立的事业单位，经依法登记成立，取得事业单位法人资格。依法不需要办理法人登记的，从成立之日起，具有事业单位法人资格。选项 B，具备法人条件，基于会员共同意愿，为公益目的或者会员共同利益等非营利目的设立的社会团体，经依法登记成立，取得社会团体法人资格；依法不需要办理法人登记的，从成立之日起，具有社会团体法人资格选项。

【依据】《经济法基础》第一章第 20 ~ 21 页

2.【答案】ABC

【解析】内部会计监督的主体是各单位的会计机构、会计人员。

【依据】《经济法基础》第二章第 45 页

3.【答案】ACD

【解析】选项 B，对外开出的原始凭证，必须加盖的是本单位公章，而不是财务专用章。

【依据】《经济法基础》第二章第 34 页

4.【答案】BCD

【解析】本题考核基本存款账户的概念。下列存款人，可以申请开立基本存款账户：企业法人；非法人企业；机关、事业单位；团级（含）以上军队、武警部队及分散执勤的支（分）队；社会团体；民办非企业组织；异地常设机构；外国驻华机构；个体工商户；居民委员会、村民委员会、社区委员会；单位设立的独立核算的附属机构，包括食堂、招待所、幼儿园；其他组织，即按照现行的法律、行政法规规定可以成立的组织，如业主委员会、村民小组等组织；境外机构。

【依据】《经济法基础》第三章第 68 页

5. 【答案】ABC

【解析】临时存款账户的适用范围包括：（1）设立临时机构，例如工程指挥部、筹备领导小组、摄制组等；（2）异地临时经营活动，例如建筑施工及安装单位等在异地的临时经营活动；（3）注册验资、增资；（4）军队、武警单位承担基本建设或者异地执行作战、演习、抢险救灾、应对突发事件等临时任务。选项 A、B、C 属于专用存款账户的适用范围。

【依据】《经济法基础》第三章第 71 页

6. 【答案】BD

【解析】免征关税的进出口货物、进境物品包括：（1）国务院规定的免征额度内的一票货物。（2）无商业价值的广告品和货样。（3）进出境运输工具装载的途中必需的燃料、物料和饮食用品。（4）在海关放行前损毁或者灭失的货物、进境物品。（5）外国政府、国际组织无偿赠送的物资。（6）中华人民共和国缔结或者共同参加的国际条约、协定规定免征关税的货物、进境物品等。

【依据】《经济法基础》第四章第 194 页

7. 【答案】BCD

【解析】企业所得税是对企业和其他取得收入的组织生产经营所得和其他所得征收的一种所得税。企业所得税纳税人包括各类企业、事业单位、社会团体、民办非企业单位和从事经营活动的其他组织，选项 B、C、D 正确。个人独资企业、合伙企业，不属于企业所得税纳税人，选项 A 错误。

【依据】《经济法基础》第五章第 199 页

8. 【答案】ABD

【解析】根据规定，下列无形资产不得计算摊销费用扣除：（1）自行开发的支出已在计算应纳税所得额时扣除的无形资产；（2）自创商誉；（3）与经营活动无关的无形资产；（4）其他不得计算摊销费用扣除的无形资产。选项 A 不得在企业所得税税前扣除。单独估价作为固定资产的土地不计提折旧、未投入使用的机器设备不计提折旧。因此，计提的折旧不允许扣除。

【依据】《经济法基础》第五章第 213 ~ 214 页

9. 【答案】AC

【解析】欠缴税款的纳税人或者其法定代表人在出境前未按规定结清应纳税款、滞纳金或者提供纳税担保的，税务机关可以通知出境管理机关阻止其出境，选项 B 错误。税务机关可以采取的强制执行措施包括强制扣款、拍卖变卖等，选项 D 错误。

【依据】《经济法基础》第七章第 347、349 页

10. 【答案】AB

【解析】发生争议的劳动者一方在 10 人以上，并有共同请求的，劳动者可以推举 3 ~ 5 名代表人参加仲裁活动，选项 C 表述错误。丧失或者部分丧失民事行为能力的劳动者，由其法定代理人代为参加仲裁活动；无法定代理人的，由仲裁委员会为其指定代理人，选项 D 表述错误。

【依据】《经济法基础》第八章第 396 页

三、判断题

1. 【答案】×

【解析】根本法指宪法，除宪法以外的所有法律均为普通法。

【依据】《经济法基础》第一章第 5 页

2. 【答案】×

【解析】人的整体只能是法律关系的主体，不能作为法律关系的客体。而人的部分是可以作为客体的"物"，如当人的头发、血液、骨髓、精子和其他器官从身体中分离出去，成为与身体相分的外部之物时，在某些情况下也可视为法律上的"物"。

【依据】《经济法基础》第一章第 15 页

3. 【答案】×

【解析】保管期满的会计档案可以销毁，但是属于未结清的债权债务的会计凭证和涉及其他未了事项的会计凭证不得销毁。

【依据】《经济法基础》第二章第 44 页

4. 【答案】×

【解析】公示催告是指在票据丧失后（不慎被盗，不知去向）由失票人向人民法院提出申请，请求人民法院以公告方式通知不确定的利害关系人限期申报权利，逾期未申报者，则权利失效，而由法院通过除权判决宣告所丧失的票据无效的制度或程序。失票人票据灭失，比如不慎被烧毁，与票据上的权利有利害关系的人是明确的，无须公示催告，可按一般的票据纠纷向人民法院提起诉讼。

【依据】《经济法基础》第三章第 83 页

5. 【答案】√

【解析】增值税专用发票，是增值税一般纳税人发生应税销售行为开具的发票，是购买方支付增值税税额并可按照增值税有关规定据以抵扣增值税进项税额的凭证。

【依据】《经济法基础》第四章第 160 页

6. 【答案】√

【解析】关于企业所得税征税对象非居民企业的表述正确。

【依据】《经济法基础》第五章第 200 页

7. 【答案】×

【解析】农村居民在规定用地标准以内占用耕地新建自用住宅，按照当地适用税额减半征收耕地占用税。

【依据】《经济法基础》第六章第 297 页

8. 【答案】×

【解析】税务机关对按规定确定的失信主体，纳入纳税信用评价范围的，按照纳税信用管理规定，将其纳税信用级别判为 D 级，适用相应的 D 级纳税人管理措施。

【依据】《经济法基础》第七章第 359 页

9.【答案】×

【解析】委托代征税款是指税务机关根据有利于税收控管和方便纳税的原则,按照国家有关规定,通过委托形式将税款委托给代征单位或个人以税务机关的名义代为征收,并将税款缴入国库的一种税款征收方式。这种征收方式适用于零星分散和异地缴纳的税收。

【依据】《经济法基础》第七章第344页

10.【答案】×

【解析】被派遣劳动者在无工作期间,劳务派遣单位应当按照所在地人民政府规定的最低工资标准,向其按月支付报酬。

【依据】《经济法基础》第八章第393页

四、不定项选择题

【第1题】

1.【答案】ABCD

【解析】选项A,票据和结算凭证金额以中文大写和阿拉伯数码同时记载,二者必须一致,二者不一致的票据无效;二者不一致的结算凭证,银行不予受理。选项B,支票上的出票人的签章,出票人为单位的,为与该单位在银行预留签章一致的财务专用章或者公章加其法定代表人或者其授权的代理人的签名或者签章。出票人不得签发与其预留银行签章不符的支票。选项C,票据的出票日期必须使用中文大写。选项D,支票的出票人所签发的支票金额不得超过其付款时在付款人处实有的存款金额。

【依据】《经济法基础》第三章第99页

2.【答案】ABC

【解析】签发支票必须记载下列事项:表明"支票"的字样;无条件支付的委托;确定的金额;付款人名称;出票日期;出票人签章。支票的金额、收款人名称,可以出出票人授权补记,未补记前不得背书转让和提示付款。

【依据】《经济法基础》第三章第99页

3.【答案】BC

【解析】支票的提示付款期限自出票日起10日,出票日为2023年12月11日,提示付款期限为12月11日至12月20日。

【依据】《经济法基础》第三章第99页

4.【答案】AD

【解析】支票持票人超过提示付款期限提示付款的,付款可以不予付款,付款人不予付款的,出票人仍应对持票人承担票据责任。

【依据】《经济法基础》第三章第85~86页

【第2题】

1.【答案】D

【解析】甲公司提供货物运输服务,同时收取包装费,这属于混合销售行为。根据税法规定，混合销售行为中，如果从事货物的生产、批发或者零售的单位和个体工商户，按照销售货物缴纳增值税；其他单位和个体工商户按照销售服务缴纳增值税。因此，甲公司提供的货物运输服务应按照销售服务缴纳增值税。甲公司当月提供货物运输服务增值税销项税额＝（1 090 000＋10 900）÷（1＋9%）×9%＝90 900（元）。

【依据】经济法基础第四章第 132 页

2.【答案】ABCD

【解析】一般纳税人发生电影放映服务、仓储服务、装卸搬运服务、收派服务和文化体育服务，可以选择简易计税，选项 A、B 正确。一般纳税人出租其 2016 年 4 月 30 日前取得的不动产，可以选择简易计税，选项 C 正确。一般纳税人以纳入"营改增"试点之日前取得的有形动产为标的物提供的经营租赁服务可以选择简易计税，选项 D 正确。

【依据】经济法基础第四章第 148 页

3.【答案】B

【解析】纳税人提供租赁服务采取预收款方式的，其增值税纳税义务发生时间为收到预收款的当天。

【依据】经济法基础第四章第 155 页

4.【答案】CD

【解析】存款利息和被保险人获得的保险赔付属于不征收增值税项目。

【依据】经济法基础第四章第 133 页

【第 3 题】

1.【答案】ABCD

【解析】企业收入总额是指以货币形式和非货币形式从各种来源取得的收入，包括：销售货物收入，提供劳务收入，转让财产收入，股息、红利等权益性投资收益，利息收入，租金收入，特许权使用费收入，接受捐赠收入，以及其他收入。

【依据】《经济法基础》第五章第 201 页

2.【答案】ACD

【解析】准予税前扣除的税金是指企业发生的除企业所得税和允许抵扣的增值税以外的各项税金及其附加。即纳税人按规定缴纳的印花税、房产税、城市维护建设税、教育费附加等可以在计算应纳税所得额时扣除。

【依据】《经济法基础》第五章第 204 页

3.【答案】A

【解析】公益性捐赠是指企业通过公益性社会团体或者县级以上人民政府及其部门，用于《公益事业捐赠法》规定的公益事业的捐赠，直接向丙大学捐款 55 万元，不符合公益性捐赠的条件，不属于公益性捐赠，不得在税前扣除。企业发生的公益性捐赠支出，在年度利润总额 12% 以内的部分准予扣除，公益性捐赠支出限额＝480×12%＝57.6（万元），符合条件的公益性捐赠支出为 35 万元，没有超过限额，准予全部扣除。

【依据】《经济法基础》第五章第206～207页

4.【答案】D

【解析】对医药制造企业发生的广告费和业务宣传费支出，不超过当年销售（营业）收入30%的部分，准予扣除；超过部分，准予在以后纳税年度结转扣除。

【依据】《经济法基础》第五章第208页

2025 年度初级资格考试
《经济法基础》 全真模拟试题（四）
答案速查、参考答案及解析

答案速查

一、单项选择题

1. B	2. D	3. B	4. D	5. D	6. B	7. C	8. B
9. C	10. A	11. B	12. B	13. A	14. B	15. B	16. D
17. C	18. A	19. B	20. A	21. D	22. A	23. D	

二、多项选择题

1. ABCD	2. ABD	3. ABC	4. BCD	5. CD
6. CD	7. CD	8. ABC	9. ABCD	10. AC

三、判断题

1. ×	2. ×	3. ×	4. ×	5. ×
6. √	7. ×	8. ×	9. ×	10. √

四、不定项选择题

第1题	1. A	2. ABD	3. BD	4. D
第2题	1. D	2. C	3. C	4. AD
第3题	1. D	2. B	3. C	4. A

参考答案及解析

一、单项选择题

1. 【答案】B

【解析】根据授权制定的法规与法律规定不一致，不能确定如何适用时，由全国人民代表大会常务委员会裁决，选项B正确。

【依据】《经济法基础》第一章第11页

2. 【答案】D

【解析】选项D，人的整体只能是法律关系的主体，不能作为法律关系的客体。

【依据】《经济法基础》第一章第15页

3. 【答案】B

【解析】选项A、C、D均属于民事责任。

【依据】《经济法基础》第一章第25页

4. 【答案】D

【解析】根据有关规定，各单位应当根据会计业务的需要，设置会计机构，或者在有关机构中设置会计人员并指定会计主管人员；不具备设置条件的，应当委托经批准从事会计代理记账业务的中介机构代理记账。

【依据】《经济法基础》第二章第50页

5. 【答案】D

【解析】临时存款账户的有效期最长不超过2年。

【依据】《经济法基础》第三章第72页

6. 【答案】B

【解析】甲烟草批发企业向丙烟草批发企业销售卷烟，属于批发企业之间的销售，不缴纳消费税。甲企业应纳消费税税额 $=28\,000\times11\%+200\times200\times0.005=3\,280$（元）。

【依据】《经济法基础》第四章第175页

7. 【答案】C

【解析】购进货物非正常损失，其进项税额不得从当期销项税额中抵扣，因管理不善发生霉烂变质损失，属于非正常损失，该企业8月可以抵扣的进项税额 $=18-18\times1\div3=12$（万元）。

【依据】《经济法基础》第四章第142页

8. 【答案】B

【解析】以旧换新应当按照新产品的价格计算增值税销项税额，不得扣减旧货物的收购价格。销售价格是含增值税价格，需要先换算成不含税价格，甲公司当月该业务增值税销项税额 $=100\times3\,039\div(1+13\%)\times13\%=34\,961.50$（元）。

【依据】《经济法基础》第四章第 138 页

9.【答案】C

【解析】用排气量小于 1.5 升（含）的乘用车底盘（车架）改装、改制的车辆属于乘用车征收范围。用排气量大于 1.5 升的乘用车底盘（车架）或用中轻型商用客车底盘（车架）改装、改制的车辆属于中轻型商用客车征收范围。沙滩车、雪地车、卡丁车、高尔夫车不属于消费税征收范围，不征收消费税。

【依据】《经济法基础》第四章第 169 页

10.【答案】A

【解析】牲畜、家禽的饲养所得，免征企业所得税。选项 B、C、D 减半征收企业所得税。

【依据】《经济法基础》第五章第 217 ~ 218 页

11.【答案】B

【解析】扣除限额 = 800 × 8% = 64（万元），待扣除金额 = 9（本年发生额）+ 61（上年结转额）= 70（万元），待扣除金额超过了扣除限额，准予扣除的职工教育经费支出为 64 万元。

【依据】《经济法基础》第五章第 205 页

12.【答案】B

【解析】自 2022 年 1 月 1 日起，对非营利性科研机构、高等学校接收企业、个人和其他组织机构的基础研究资金收入，免征企业所得税。

【依据】《经济法基础》第五章第 217 页

13.【答案】A

【解析】选项 A，退休人员再任职取得的收入——按"工资、薪金所得"应税项目缴纳个人所得税。

【依据】《经济法基础》第五章第 249 ~ 250 页

14.【答案】B

【解析】土地使用权出让、出售、房屋买卖，以成交价格作为计税依据。该公司应缴契税 = 3 800 × 3% = 114（万元），选项 B 正确。

【依据】《经济法基础》第六章第 273 页

15.【答案】B

【解析】选项 A、C、D，均应按照规定缴纳车船税。

选项 B，属于警用车船，免征车船税。

【依据】《经济法基础》第六章第 304 页

16.【答案】D

【解析】选项 A、B、C，港口的码头用地、水利设施及其管护用地、机场飞行区用地，均可免征城镇土地使用税。机场工作区用地须依照规定征收城镇土地使用税。

【依据】《经济法基础》第六章第 293 页

17.【答案】C

【解析】选项 A、B、D，借款合同、承揽合同、保管合同均属于印花税的征税范围。选项 C，会计咨询合同不贴印花。

【依据】《经济法基础》第六章第 319 页

18.【答案】A

【解析】根据车船税法律制度的规定，车船税的纳税地点为车船的登记地或者车船税扣缴义务人所在地，选项 A 正确。

【依据】《经济法基础》第六章第 305 页

19.【答案】B

【解析】根据税收征收管理法律制度的规定，纳税人因有特殊困难，不能按期缴纳税款的，经省、自治区、直辖市税务局批准，可以延期缴纳税款，但是最长不得超过 3 个月。

【依据】《经济法基础》第七章第 347 页

20.【答案】A

【解析】本题考核税收滞纳金的计算。（1）纳税人未按照规定期限缴纳税款的，税务机关可责令限期缴纳，并从滞纳税款之日起，按日加收滞纳税款5‰的滞纳金；（2）加收滞纳金的起止时间，为法律、行政法规规定或者税务机关依照法律、行政法规的规定确定的税款缴纳期限届满次日起至纳税人实际缴纳税款之日止；（3）增值税纳税人以 1 个月为一个纳税期的，自期满之日起 15 日内申报纳税。城建税由纳税人在缴纳增值税、消费税的同时缴纳，其纳税期限与增值税、消费税的纳税期限一致。因此，本题 9 月份应缴纳的增值税、城建税最晚于 10 月 15 日缴纳，自 10 月 16 日（含）起计算滞纳天数，该公司实际缴纳税款的日期为 10 月 30 日，滞纳天数为 15 日，应缴纳的滞纳金金额 =（10 000 + 700）× 0.5‰ × 15 = 80.25（元）。

【依据】《经济法基础》第七章第 347 页

21.【答案】D

【解析】本题考查未订立书面劳动合同时支付 2 倍工资的期限。选项 D 正确，用人单位自用工之日起超过 1 个月不满 1 年未与劳动者订立书面劳动合同的，应当向劳动者每月支付 2 倍的工资，起算时间为用工之日起满 1 个月的次日，截止时间为补订书面劳动合同的前一日。

【依据】《经济法基础》第八章第 373 页

22.【答案】A

【解析】对已经履行部分服务期限的，用人单位要求劳动者支付的违约金不得超过服务期尚未履行部分所应分摊的培训费用。本题中，孙某服务期为 3 年，培训费为 30 000 元，每年扣减 10 000 元。因为已经履行劳动合同 2 年，还有 1 年没有履行，所以孙某应支付的违约金数额不得超过 10 000 元，因约定的违约金 12 000 元超过 10 000 元，应按 10 000 元支付违约金。

【依据】《经济法基础》第八章第 382 页

23.【答案】D

【解析】根据规定，用人单位依法安排劳动者在休息日工作，不能安排补休的，按照不低于劳动合同规定的劳动者本人日或小时工资标准的 200% 支付劳动者工资。贾某周六加班 1 天，获得 2 倍工资报酬，120×2＝240（元）。用人单位依法安排劳动者在法定休假日工作的，按照不低于劳动合同规定的劳动者本人日或小时工资标准的 300% 支付劳动者工资。法定假日加班获得 3 倍工资报酬，120×3×2＝720（元）。如果企业不支付，劳动行政部门责令用人单位限期支付；公司逾期仍不支付的，由劳动行政部门责令公司按应付金额的 50% 以上 100% 以下的标准向劳动者加付赔偿金。选项 D 表述错误。

【依据】《经济法基础》第八章第 379 页

二、多项选择题

1.【答案】ABCD

【解析】本题考查法律事实。法律事实是指由法律规范所确定的，能够产生法律后果，即能够直接引起法律关系发生、变更和消灭的情况，包括法律事件、法律行为和事实行为。

【依据】《经济法基础》第一章第 15 页

2.【答案】ABD

【解析】根据会计档案管理有关规定，银行存款余额调节表最低保管期限为 10 年，会计档案保管清册保管期限为永久。

【依据】《经济法基础》第二章第 42 页

3.【答案】ABC

【解析】选项 A，存款人应以实名开立银行结算账户，并对其出具的开户（变更、撤销）申请资料实质内容的真实性负责，法律、行政法规另有规定的除外。选项 B、C，存款人应按照账户管理规定使用银行结算账户办理结算业务，不得出租、出借银行结算账户，不得利用银行结算账户套取银行信用或进行洗钱活动。选项 D，存款人使用银行结算账户办理支付结算，账户内须有足够的资金保证支付。

【依据】《经济法基础》第三章第 75 页

4.【答案】BCD

【解析】"高档化妆品"包括高档美容、修饰类化妆品、高档护肤类化妆品和成套化妆品；舞台、戏剧、影视演员化妆用的上妆油、卸妆油、油彩，不属于本税目的征收范围。

【依据】《经济法基础》第四章第 168 页

5.【答案】CD

【解析】个人转让自用达 5 年以上并且是唯一的家庭生活用房取得的所得，暂免征收个人所得税；残疾、孤老人员和烈属所得，属于减税项目。

【依据】《经济法基础》第五章第 259 页

6.【答案】CD

【解析】选项 A，企业事业单位和其他生产经营者向依法设立的污水集中处理、生活垃圾集中处理场所排放应税污染物的，不属于直接向环境排放污染物，不缴纳相应污染物的环境保护税。选项 B，企业在符合国家和地方环境保护标准的设施、场所储存或者处置固体废物，不属于直接向环境排放污染物，不缴纳相应污染物的环境保护税。选项 C，依法设立的城乡污水集中处理、生活垃圾集中处理场所超过国家和地方规定的排放标准向环境排放应税污染物的，应当缴纳环境保护税。选项 D，企业事业单位和其他生产经营者储存或者处置固体废物不符合国家和地方环境保护标准的，应当缴纳环境保护税。

【依据】《经济法基础》第六章第 314 页

7.【答案】CD

【解析】选项 A、B，纳税人开采或者生产应税产品销售的，以实际销售数量为课税数量。选项 D，纳税人开采或者生产应税产品自用的，以移送时的自用数量为课税数量。选项 C、D 正确。

【依据】《经济法基础》第六章第 311 页

8.【答案】ABC

【解析】申请人认为被申请人的行政行为所依据的下列规范性文件（不含规章）不合法，对行政行为申请行政复议时，可以一并向复议机关提出对该规范性文件的附带审查申请：（1）国家税务总局和国务院其他部门的规范性文件。（2）其他各级税务机关的规范性文件。（3）地方各级人民政府的规范性文件。（4）地方人民政府工作部门的规范性文件。

【依据】《经济法基础》第七章第 360 页

9.【答案】ABCD

【解析】职工基本医疗保险费的征缴范围：国有企业、城镇集体企业、外商投资企业、城镇私营企业和其他城镇企业及其职工，国家机关及其工作人员，事业单位及其职工，民办非企业单位及其职工，社会团体及其专职人员。

【依据】《经济法基础》第八章第 406 页

10.【答案】AC

【解析】因劳动者过错解除劳动合同的情形（随时通知解除）：（1）劳动者在试用期间被证明不符合录用条件的（选项 C）；（2）劳动者严重违反用人单位的规章制度的；（3）劳动者严重失职，营私舞弊，给用人单位造成重大损害的；（4）劳动者同时与其他用人单位建立劳动关系，对完成本单位的工作任务造成严重影响，或者经用人单位提出，拒不改正的；（5）劳动者以欺诈、胁迫的手段或者乘人之危，使用人单位在违背真实意思的情况下订立或者变更劳动合同致使劳动合同无效的；（6）劳动者被依法追究刑事责任的（选项 A）。

【依据】《经济法基础》第八章第 386 页

三、判断题

1.【答案】×

【解析】法律之间对同一事项的新的一般规定与旧的特别规定不一致，不能确定如何适用时，由全国人民代表大会常务委员会裁决。

【依据】《经济法基础》第一章第 18 页

2.【答案】×

【解析】"国家机关以外的组织"可以作为单位会员加入社会团体。

【依据】《经济法基础》第一章第 21 页

3.【答案】×

【解析】单位保存的会计档案一般不得对外借出，确因工作需要且根据国家有关规定必须借出的，应严格按规定办理相关手续。

【依据】《经济法基础》第二章第 41 页

4.【答案】×

【解析】银行汇票的出票人为银行；商业汇票的出票人为银行以外的企业和其他组织。

【依据】《经济法基础》第三章第 88 页

5.【答案】×

【解析】对企业为员工支付各项免税之外的保险金，应在企业向保险公司缴付时并入员工当期的工资收入，按"工资、薪金所得"项目计征个人所得税，税款由企业负责代扣代缴。

【依据】《经济法基础》第五章第 250 页

6.【答案】√

【解析】为持续推进放管服（即简政放权、放管结合、优化服务的简称）改革，国家税务总局全面推行小规模纳税人自行开具增值税专用发票。小规模纳税人（其他个人除外）发生增值税应税行为，需要开具增值税专用发票的，可以自愿使用增值税发票管理系统自行开具。

【依据】《经济法基础》第四章第 125 页

7.【答案】×

【解析】纳税人自行申报缴纳车船税的，纳税地点为车船登记地的主管税务机关所在地。

【依据】《经济法基础》第六章第 305 页

8.【答案】×

【解析】单位、个人在改制重组时以房地产作价入股进行投资，对其将房地产转移、变更到被投资的企业，暂不征土地增值税。这项政策不适用于房地产转移任意一方为房地产开发企业的情形。

【依据】《经济法基础》第六章第 306 页

9.【答案】×

【解析】纳入纳税信用管理的企业纳税人，符合法定条件的，可在规定期限内向主管税务机关申请纳税信用修复。主管税务机关自受理纳税信用修复申请之日起 15 个工作日内完成审核，并向纳税人反馈信用修复结果。

【依据】《经济法基础》第七章第356页

10.【答案】√

【解析】职工（包括非全日制从业人员）在两个或者两个以上用人单位同时就业的，各用人单位应当分别为职工缴纳工伤保险费。职工发生工伤，由职工受到伤害时工作的单位依法承担工伤保险责任。

【依据】《经济法基础》第八章第414页

四、不定项选择题

【第1题】

1.【答案】A

【解析】保证人在票据或者粘单上未记载被保证人名称的，已承兑的票据，承兑人为被保证人；未承兑的票据，出票人为被保证人。在本题中，丙公司以其所欠甲公司债务只有15万元为由拒绝承兑，所以被保证人为出票人甲公司。

【依据】《经济法基础》第三章第80页

2.【答案】ABD

【解析】持票人可以向票据的出票人、背书人、承兑人和保证人中的任何一人、数人或者全体行使追索权。本题中，丙公司为付款人，其并未对票据进行承兑，不是票据债务人，戊公司仅有权向甲公司、乙公司、丁公司进行追索。

【依据】《经济法基础》第三章第81页

3.【答案】BD

【解析】根据规定，背书未记载日期的，视为在票据到期日前背书。本题乙公司取得汇票后背书转让给戊公司时未记载背书日期，所以视为到期日前背书。

【依据】《经济法基础》第三章第81页

4.【答案】D

【解析】商业汇票中，持票人对出票人、承兑人"以外"前手的追索权，在被拒绝承兑或者被拒绝付款之日起6个月内行使。本题中，戊公司于2024年5月15日向丙公司提示承兑时被丙公司拒绝承兑，戊公司应当自被拒绝承兑之日起6个月内，即2024年11月15日之前向乙公司追索。

【依据】《经济法基础》第三章第84页

【第2题】

1.【答案】D

【解析】（5 × 22 600 + 25 990）÷（1 + 13%）× 20% + 5 × 1 000 × 2 × 0.5 = 25 100（元）。收取的品牌使用费应并入白酒的销售额计算缴纳消费税，并需要和销售价格一起作价税分离。

【依据】《经济法基础》第四章第177页

2.【答案】C

【解析】纳税人通过非独立核算的门市部销售自产应税消费品，应当按照门市部对外销售额或者销售数量征收消费税。135 600 元/吨是含税销售价格，应作价税分离。所以正确计算式为 $3 \times 135\ 600 \div (1 + 13\%) \times 20\% + 3 \times 1\ 000 \times 2 \times 0.5 = 75\ 000$（元）。

【依据】《经济法基础》第四章第 174 页

3.【答案】C

【解析】以外购或委托加工收回的应税消费品连续生产应税消费品，允许扣除消费税已纳税款的税目不包括酒，所以正确计算式为 $2 \times 79\ 100 \div (1 + 13\%) \times 20\% + 2 \times 1\ 000 \times 2 \times 0.5 = 30\ 000$（元）。

【依据】《经济法基础》第四章第 180 页

4.【答案】AD

【解析】纳税人用于换取生产资料和消费资料，投资入股和抵偿债务等方面的应税消费品，应当以纳税人同类应税消费品的最高销售价格作为计税依据计算消费税。

【依据】《经济法基础》第四章第 174 页

【第 3 题】

1.【答案】D

【解析】职工福利费税前扣除限额 $= 2\ 000 \times 14\% = 280$（万元），实际支出 300 万元，应调增应纳税所得额 $= 300 - 280 = 20$（万元）；工会经费税前扣除限额 $= 2\ 000 \times 2\% = 40$（万元），实际拨缴 50 万元，调增 10 万元；职工教育经费税前扣除限额 $= 2\ 000 \times 8\% = 160$（万元），实际发生额 180 万元，应调增应纳税所得额 20 万元。

业务（1）应调增应纳税所得额 $= 20 + 10 + 20 = 50$（万元）。

业务招待费实际发生额的 $60\% = 100 \times 60\% = 60$（万元），销售（营业）收入的 $5‰ = (8\ 000 + 1\ 500) \times 5‰ = 47.5$（万元），业务招待费税前扣除限额为 47.5 万元。

业务（2）应调增应纳税所得额 $= 100 - 47.5 = 52.5$（万元）。

业务（1）和业务（2）合计应调整的应纳税所得额 $= 50 + 52.5 = 102.5$（万元）。

【依据】《经济法基础》第五章第 205、207 页

2.【答案】B

【解析】广告费税前扣除限额 $= (8\ 000 + 1\ 500) \times 30\% = 2\ 850$（万元），实际发生额的 700 万元未超过扣除限额，准予全额扣除；以前年度累计结转至本年的广告费扣除额 300 万元，也可以在本年扣除。业务（3）应调减 300 万元。

【依据】《经济法基础》第五章第 208 页

3.【答案】C

【解析】国债利息收入属于免税收入，在计算应纳税所得额时从收入总额中减除；业务（4）应调减应纳税所得额 300 万元。

可加计扣除的研发费用 $= 100 \times 100\% = 100$（万元）。

业务（4）和业务（5）合计应调减的应纳税所得额 $= 100 + 300 = 400$（万元）。

【依据】《经济法基础》第五章第 217、220 页

4.【答案】A

【解析】直接捐赠 50 万元应调增应纳税所得额，公益性捐赠需要先计算捐赠限额。利润总额 = 8 000 + 1 500 + 800 + 1 210 − 4 000 − 450 − 600 − 430 − 1 000 − 680 − 50 = 4 300（万元），捐赠限额 = 4 300 × 12% = 516（万元）> 实际公益性捐赠 500 万元，因此公益性捐赠不需要调整。

业务（6）调增应纳税所得额 50 万元。

【依据】《经济法基础》第五章第 206 ~ 207 页

2025 年度初级资格考试
《经济法基础》全真模拟试题（五）
答案速查、参考答案及解析

答案速查

一、单项选择题

1. B	2. C	3. B	4. C	5. D	6. D	7. B	8. D
9. A	10. C	11. D	12. B	13. C	14. C	15. C	16. A
17. D	18. C	19. B	20. B	21. B	22. A	23. D	

二、多项选择题

1. AB	2. AB	3. ABCD	4. ACD	5. BCD
6. ABC	7. AC	8. BCD	9. ABCD	10. ACD

三、判断题

1. √	2. ×	3. √	4. √	5. √
6. ×	7. ×	8. √	9. ×	10. √

四、不定项选择题

第1题	1. ABC	2. AC	3. D	4. ABC
第2题	1. D	2. CD	3. C	4. B
第3题	1. AB	2. BCD	3. D	4. B

参考答案及解析

一、单项选择题

1.【答案】B

【解析】有关税收的法属于国家宏观经济调控方面的法律，属于经济法部门。

【依据】《经济法基础》第一章第 13 页

2.【答案】C

【解析】选项 A，属于国际条约；选项 B，属于法律；选项 C，《中华人民共和国最高人民法院公报》上公布的案例在我国是法院审理案件的参考，不是我国的法律渊源；选项 D，属于部门规章。

【依据】《经济法基础》第一章第 7 页

3.【答案】B

【解析】单位负责人的直系亲属不得担任本单位的会计机构负责人、会计主管人员；会计机构负责人、会计主管人员的直系亲属不得在本单位会计机构中担任出纳工作。

【依据】《经济法基础》第二章第 52 页

4.【答案】C

【解析】收单机构应按协议约定及时将交易资金结算到特约商户的收单银行结算账户，资金结算时限最迟不得超过持卡人确认可直接向特约商户付款的支付指令生效日后 30 个自然日，因涉嫌违法违规等风险交易需延迟结算的除外。

【依据】《经济法基础》第三章第 104 页

5.【答案】D

【解析】选项 A，承兑仅适用于商业汇票。选项 B、C，付款人承兑汇票的，应当在汇票正面记载"承兑"字样和承兑日期并签章；见票后定期付款的汇票，应当在承兑时记载付款日期。汇票上未记载承兑日期的，应当以收到提示承兑的汇票之日起 3 日内的最后一日为承兑日期。

【依据】《经济法基础》第三章第 80 页

6.【答案】D

【解析】选项 A，收款人名称不得更改，更改的票据无效；选项 D，属于伪造行为；选项 B、C，属于变造行为，是对票据上"签章以外"的记载事项加以改变的行为。

【依据】《经济法基础》第三章第 63 页

7.【答案】B

【解析】甲公司进口摄像机应缴纳的增值税税额＝（关税计税价格＋关税）×增值税税率＝（226＋22.6）×13%＝32.318（万元）。

【依据】《经济法基础》第四章第 193 页

8.【答案】D

【解析】小规模纳税人的进项税税额不允许抵扣。按 3% 征收率征收的减按 1% 计算增值税。

【依据】《经济法基础》第四章第 146 页

9.【答案】A

【解析】选项 A，计算消费税的销售额不包含增值税税款。选项 B，包装物租金属于价外费用，应并入销售额征税。选项 C，白酒生产企业向商业销售单位收取的品牌使用费，不论企业采取何种方式或以何种名义收取价款，均应并入白酒的销售额中缴纳消费税。选项 D，对于销售白酒产生的包装物押金一律在销售时并入销售额征税。

【依据】《经济法基础》第四章第 173 页

10.【答案】C

【解析】实木地板实行从价定率计征消费税。应纳税额 = 不含增值税销售额 × 比例税率。

【依据】《经济法基础》第四章第 173 页

11.【答案】D

【解析】远洋运输中的程租、期租，属于水路运输服务；融资性售后回租按照贷款服务缴纳增值税。

【依据】《经济法基础》第四章第 127 页

12.【答案】B

【解析】企业通过公益性社会组织或者县级（含县级）以上人民政府及其组成部门和直属机构，用于慈善活动、公益事业的捐赠支出，不得超过年度利润总额 12% 的部分，准予扣除的捐赠限额 = (5 000 + 80 − 4 100 − 700 − 60) × 12% = 26.4（万元）。当年应纳税所得额 = 220 + (50 − 26.4) − 30 = 213.6（万元）。当年应纳所得税额 = 213.6 × 25% = 53.4（万元）。

【依据】《经济法基础》第五章第 206 页

13.【答案】C

【解析】企业为促进商品销售而在商品价格上给予价格折扣属于商业折扣；商品销售涉及商业折扣的，企业所得税上按照扣除商业折扣后的金额（不含增值税）确定销售商品收入金额；应确认的产品销售收入 = 56.5 ÷ (1 + 13%) × 80% = 40（万元）。

【依据】《经济法基础》第五章第 202 页

14.【答案】C

【解析】选项 A，对于剧本作者从电影、电视剧的制作单位取得的剧本使用费，不再区分剧本的使用方是否为其任职单位，统一按"特许权使用费所得"项目计征个人所得税。选项 B，属于利息、股息、红利所得。选项 D，属于财产转让所得。

【依据】《经济法基础》第五章第 232 页

15.【答案】C

【解析】托儿补助费不属于"工资、薪金所得"，选项 A 不正确；剧本作者从电影制作单位取得的剧本使用费，一律按"特许权使用费所得"项目征收个人所得税，选项 B 不正确；作者去世后，财产继承人取得的遗作稿酬，也应按"稿酬所得"征收个人所得税，选项 D 不正确。

【依据】《经济法基础》第五章第 231 ~ 232 页

16.【答案】A

【解析】自营的依照房产原值减除 10% ~ 30% 后的余值计征。选项 A 不正确。

【依据】《经济法基础》第六章第 267 页

17.【答案】D

【解析】国家机关、人民团体、军队自用的房产免征房产税，宗教寺庙、公园、名胜古迹自用的房产免征房产税，个人所有非营业用的房产免征房产税，选项 A、B、C 说法正确。纳税人因房屋大修导致连续停用半年以上的，在房屋大修期间免征房产税，选项 D 说法不正确。

【依据】《经济法基础》第六章第 269 页

18.【答案】C

【解析】选项 A，我国环境保护税的应税污染物仅限于法定的大气污染物、水污染物、固体废物和噪声（限于工业噪声）。选项 B，企业事业单位和其他生产经营者在符合国家和地方环境保护标准的设施、场所储存或者处置固体废物的，不缴纳环境保护税。选项 D，机动车、铁路机车、非道路移动机械、船舶和航空器等流动污染源排放应税污染物的，暂予免征环境保护税。

【依据】《经济法基础》第六章第 314 页

19.【答案】B

【解析】纳税申报包括自行申报、邮寄申报、数据电文申报和其他方式申报，选项 A 正确；邮寄申报应以寄出的邮戳日期为实际申报日期，数据电文申报以税务机关计算机网络系统收到该数据电文的时间为准，选项 B 错误，选项 C 正确；纳税人在纳税期内没有应纳税款的，也应当按照规定办理纳税申报，选项 D 正确。

【依据】《经济法基础》第七章第 341 ~ 342 页

20.【答案】B

【解析】根据规定，从事生产、经营的纳税人应当自领取营业执照或者发生纳税义务之日起 15 日内，按照国家有关规定设置账簿。

【依据】《经济法基础》第七章第 337 页

21.【答案】B

【解析】用人单位可以按小时、日或周为单位结算工资，但非全日制用工劳动报酬结算支付周期最长不得超过 15 日，选项 B 错误。

【依据】《经济法基础》第八章第 374 页

22.【答案】A

【解析】劳动者月工资高于用人单位所在直辖市、设区的市级人民政府公布的本地区上年度职工月平均工资 3 倍的，向其支付经济补偿的标准按职工月平均工资 3 倍的数额支付，向其支付经济补偿的年限最高不超过 12 年。甲公司应支付给周某经济补偿金 = 5 500 × 3 × 12 = 198 000（元）。

【依据】《经济法基础》第八章第 390 页

23.【答案】D

【解析】职工个人按照本人缴费工资的 8% 缴费，记入个人账户。本人月平均工资低于当地职工月平均工资 60% 的，按当地职工月平均工资的 60% 作为缴费基数。本人月平均工资高于当地职工月平均工资 300% 的，按当地职工月平均工资的 300% 作为缴费基数，超过部分不计入缴费工资基数，也不计入计发养老金的基数。

【依据】《经济法基础》第八章第 405 页

二、多项选择题

1.【答案】AB

【解析】选项 C、D，属于刑事责任中的附加刑。

【依据】《经济法基础》第一章第 27 页

2.【答案】AB

【解析】根据《会计法》的规定，对于资产的增减和使用，负债的增减，净资产（所有者权益）的增减，收入、支出、费用、成本的计算，财务成果的计算和处理等经济业务事项均应当办理会计手续、进行会计核算。

【依据】《经济法基础》第二章第 32 页

3.【答案】ABCD

【解析】具有下列一种或多种特征的可疑交易，银行应关闭单位银行结算账户的网上银行转账功能，要求存款人到银行网点柜台办理转账业务，并出具书面付款依据或相关证明文件；如存款人未提供相关依据或相关依据不符合规定的，银行应拒绝办理转账业务：（1）账户资金集中转入，分散转出，跨区域交易；（2）账户资金快进快出，不留余额或者留下一定比例余额后转出，过渡性质明显；（3）拆分交易，故意规避交易限额；（4）账户资金金额较大，对外收付金额与单位经营规模、经营活动明显不符；（5）其他可疑情形。

【依据】《经济法基础》第三章第 74 页

4.【答案】ACD

【解析】选项 A，票据权利时效期间和提示付款期间是两个概念。选项 C，持票人对前手的再追索权，为自清偿日或者被提起诉讼之日起 3 个月。选项 D，持票人对前手的追索权，自被拒绝承兑或者被拒绝付款之日起 6 个月。

【依据】《经济法基础》第三章第 85 页

5.【答案】BCD

【解析】采取预收货款结算方式的，为发出应税消费品的当天。

【依据】《经济法基础》第四章第 181 页

6.【答案】ABC

【解析】2027 年 12 月 31 日前，对中国保险保障基金有限责任公司根据《保险保障基金管理办法》取得的相关收入，免征企业所得税，选项 B 正确；国债利息收入、基础研究资金收入均属于免税收入，选项 A、C 正确；企业从事海水养殖取得的收入，减半征收企业所得税。

【依据】《经济法基础》第五章第 217～218 页

7.【答案】AC

【解析】选项 A、B，土地增值税只对转让国有土地使用权的行为征税，对出让国有土地使用权的行为不征税。选项 C，房地产的出售，产权发生转移，征收土地增值税。选项 D，房地产的出租，产权未发生转移，不征收土地增值税。

【依据】《经济法基础》第六章第 279 页

8.【答案】BCD

【解析】车船税的征税范围具体包括六大类，分别为乘用车（选项 D）、商用车（选项 B）、挂车、其他车辆、摩托车和船舶（选项 C）。其中，其他车辆是指专用作业车、轮式专用机械车，但不包括拖拉机（选项 A）。所以，选项 B、C、D 属于车船税的征税范围。

【依据】《经济法基础》第六章第 299～300 页

9.【答案】ABCD

【解析】纳税人与其关联企业之间的业务往来有下列情形之一的，税务机关可以调整其应纳税额：（1）购销业务未按照独立企业之间的业务往来作价。（2）融通资金所支付或者收取的利息超过或者低于没有关联关系的企业之间所能同意的数额，或者利率超过或者低于同类业务的正常利率。（3）提供劳务，未按照独立企业之间业务往来收取或者支付劳务费用。（4）转让财产、提供财产使用权等业务往来，未按照独立企业之间业务往来作价或者收取、支付费用。（5）未按照独立企业之间业务往来作价的其他情形。

【依据】《经济法基础》第七章第 346 页

10.【答案】ACD

【解析】竞业限制协议约定的期限不得超过 2 年，选项 A 表述正确。当事人在劳动合同或者保密协议中约定了竞业限制和经济补偿，劳动合同解除或者终止后，因用人单位的原因导致 3 个月未支付经济补偿，劳动者请求解除竞业限制约定的，人民法院应予支持。甲公司不按协议约定按月支付刘某经济补偿时间为 2 个月，未达到标准，选项 B 表述不正确。用人单位未按协议约定支付经济补偿金，劳动者履行了竞业限制义务后要求用人单位支付经济补偿的，人民法院应予支持，选项 C 表述正确。劳动者违反竞业限制约定，向用人单位支付违约金后，用人单位要求劳动者按照约定继续履行竞业限制义务的，人民法院应予支持，选项 D 表述正确。

【依据】《经济法基础》第八章第 383 页

三、判断题

1. 【答案】√

【解析】法律义务是指法律关系主体依照法律规定所担负的必须作出某种行为或者不得作出某种行为的负担或约束。依法承担义务的主体称为义务主体或义务人。义务主体必须作出某种行为是指以积极的作为方式去履行义务，称为积极义务，如缴纳税款、支付货款等。义务主体不得作出某种行为是指以消极的不作为方式去履行义务，称为消极义务，如不得毁坏公共财物、不得侵害他人生命健康权等。

【依据】《经济法基础》第一章第 14 页

2. 【答案】×

【解析】自然人的权利能力一律平等。自然人的民事行为能力分为三种，即完全民事行为能力、限制民事行为能力和无民事行为能力。

【依据】《经济法基础》第一章第 24 页

3. 【答案】√

【解析】法人章程或者法人权力机构对法定代表人代表权的限制，不得对抗善意相对人。

【依据】《经济法基础》第一章第 18 页

4. 【答案】√

【解析】题干表述正确。

【依据】《经济法基础》第三章第 79 页

5. 【答案】√

【解析】储值卡的面值或卡内币值不得超过 1 000 元人民币。

【依据】《经济法基础》第三章第 103 页

6. 【答案】×

【解析】由买方负担的购货佣金以外的佣金和经纪费，计入进口货物的关税计税价格。

【依据】《经济法基础》第四章第 192 页

7. 【答案】×

【解析】除国务院财政、税务主管部门另有规定外，房屋、建筑物最低折旧年限为 20 年。

【依据】《经济法基础》第五章第 212 页

8. 【答案】√

【解析】纳税人开采或者生产不同税目应税产品的，应当分别核算不同税目应税产品的销售额或者销售数量；未分别核算或者不能准确提供不同税目应税产品的销售额或者销售数量的，从高适用税率。

【依据】《经济法基础》第六章第 308 页

9. 【答案】×

【解析】电子发票与纸质发票的法律效力相同，任何单位和个人不得拒收。

【依据】《经济法基础》第七章第 339 页

10.【答案】√

【解析】劳务派遣单位和用工单位不得向被派遣劳动者收取费用。

【依据】《经济法基础》第八章第 393 页

四、不定项选择题

【第 1 题】

1.【答案】ABC

【解析】试用期属于劳动合同的可备条款，不属于必备条款。

【依据】《经济法基础》第八章第 375、380 页

2.【答案】AC

【解析】小王要求签订书面劳动合同合法。根据规定，对于已建立劳动关系，未同时订立书面劳动合同的，应当自用工之日起 1 个月内订立书面劳动合同。

【依据】《经济法基础》第八章第 372 页

3.【答案】D

【解析】首先，合同约定的试用期时间不符合法律规定。劳动合同期限 3 个月以上（含本数，下同）不满 1 年的，试用期不得超过 1 个月；劳动合同期限 1 年以上不满 3 年的，试用期不得超过 2 个月；3 年以上固定期限和无固定期限的劳动合同，试用期不得超过 6 个月。其次，试用期内的工资待遇不符合法律规定。劳动合同法规定，劳动者在试用期的工资不得低于本单位相同岗位最低档工资或者劳动合同约定工资的 80%。

【依据】《经济法基础》第八章第 381 页

4.【答案】ABC

【解析】用人单位未按照劳动合同约定提供劳动保护或者劳动条件的，劳动者可以随时通知解除劳动合同；用人单位违章、强令冒险作业危及劳动者人身安全的，劳动者不需要事先告知即可解除劳动合同；对于劳动者不需事先告知即可解除劳动合同的，用人单位需向劳动者支付经济补偿。

【依据】《经济法基础》第八章第 386 页

【第 2 题】

1.【答案】D

【解析】从小规模纳税人取得增值税专用发票的，以增值税专用发票上注明的金额和 9% 的扣除率计算进项税额。准予抵扣的进项税额 =60 000×9%＝5 400（元）。

【依据】《经济法基础》第四章第 141 页

2.【答案】CD

【解析】非正常损失的购进货物，以及相关的劳务和交通运输服务，不得从销项税额中抵扣进项税额。

【依据】《经济法基础》第四章第 142 页

3. 【答案】C

【解析】将外购货物对外赠送，应视同销售货物，核定销售额计算增值税销项税额。将外购货物用于集体福利，不视同销售货物，不确认销项税额。含税销售额应先进行价税分离。该超市当月暖手宝业务增值税销项税额 = 33.9 × 700 ÷（1 + 13%）× 13% = 2 730（元）。

【依据】《经济法基础》第四章第 137 页

4. 【答案】B

【解析】金银首饰以外的其他货物以旧换新，应当按照新产品的价格计算增值税销项税额，以"不含增值税的新货价"为计税销售额，678 000 元为含增值税价，应首先进行价税分离，应纳税额 = 678 000/（1 + 13%）× 13% = 78 000（元）。

【依据】《经济法基础》第四章第 138 页

【第 3 题】

1. 【答案】AB

【解析】根据规定，基本工资 12 000 元，加班工资 1 000 元，需要按照"工资、薪金所得"缴纳个人所得税。独生子女费补贴 200 元，差旅费津贴 1 800 元，误餐补助 500 元不缴纳个人所得税。

【依据】《经济法基础》第五章第 231 页

2. 【答案】BCD

【解析】国债利息收入免征个人所得税。

【依据】《经济法基础》第五章第 257 页

3. 【答案】D

【解析】根据规定，出租住房适用 10% 的税率；收入小于 4 000 元时，可以扣除 800 元的费用；收入大于 4 000 元时，可以扣除 20% 的费用；实际发生的房屋修理费可以扣除，但是每月最多扣 800 元。张某出租居住用房需要缴纳的个税是 190 元 [（3 500 − 800 − 800）× 10%]。

【依据】《经济法基础》第五章第 247 ~ 248 页

4. 【答案】B

【解析】根据规定，个人将其所得对教育、扶贫、济困等公益慈善事业进行捐赠，捐赠额未超过纳税人申报的应纳税所得额 30% 的部分，可以从其应纳税所得额中扣除。张某购买彩票所得 20 000 元，超过 1 万元，应全额征收个人所得税。捐赠扣除限额是 6 000 元（20 000 × 30%），应纳税额是 2 800 元 [（20 000 − 6 000）× 20%]。

【依据】《经济法基础》第五章第 243 页

2025 年度初级资格考试
《经济法基础》全真模拟试题（六）
答案速查、参考答案及解析

答案速查

一、单项选择题

1. B	2. D	3. C	4. A	5. C	6. C	7. D	8. A
9. B	10. D	11. C	12. C	13. C	14. A	15. A	16. B
17. C	18. A	19. A	20. D	21. B	22. A	23. C	

二、多项选择题

1. ABC	2. BD	3. AB	4. ABCD	5. BC
6. CD	7. BCD	8. ACD	9. AB	10. BD

三、判断题

1. ×	2. √	3. √	4. √	5. ×
6. ×	7. ×	8. ×	9. √	10. √

四、不定项选择题

第1题	1. B	2. ABC	3. BD	4. A
第2题	1. ABCD	2. B	3. B	4. C
第3题	1. D	2. BCD	3. A	4. AC

参考答案及解析

一、单项选择题

1. 【答案】B

【解析】法律事实分为法律事件、法律行为和事实行为。法律事件指不以当事人的主观意志为转移的，能够引起法律关系发生、变更和消灭的法定情况或现象；法律行为是法律关系主体通过意思表示设立、变更、终止法律关系的行为；事实行为是与法律关系主体的意思表示无关，由法律直接规定法律后果的行为，常见的事实行为包括无因管理行为、正当防卫行为、紧急避险行为、侵权行为、违约行为、遗失物的拾得行为及埋藏物的发现行为等。因此，本题正确答案为选项 B，选项 A 属于法律事件，选项 C、D 属于法律行为。

【依据】《经济法基础》第一章第 15 页

2. 【答案】D

【解析】一般法和特别法的区别在于法律适用的空间效力、时间效力或者对人的效力不同；根本法和普通法根据法的内容、效力和制定程序分类；国际法和国内法根据法的主体、调整对象和渊源分类；成文法和不成文法根据法的创制方式和表现形式分类。

【依据】《经济法基础》第一章第 5 页

3. 【答案】C

【解析】本题考核法律关系主体的行为能力。八周岁以上的未成年人为限制民事行为能力人。十六周岁以上的未成年人，以自己的劳动收入为主要生活来源的，视为完全民事行为能力人。题目中是十六周岁的高中生，并未以自己的劳动收入为主要生活来源，因此不能视为完全民事行为能力人，仍属于限制民事行为能力人。

【依据】《经济法基础》第一章第 24 页

4. 【答案】A

【解析】代理记账委托合同除应符合有关法律法规的一般性规定外，至少还应包括：（1）委托业务范围及其他预期目标；（2）会计资料传递程序和签收手续，终止委托合同应当办理的会计业务交接事宜，包括使用信息系统交付财务数据的约定；（3）双方对会计资料真实性、完整性、合法性各自应当承担的责任，会计档案的保管要求及相应的责任；（4）委托业务的收费；（5）委托合同的有效期间；（6）签约时间；（7）违约责任；（8）解决争议的方法；（9）签约双方认为应约定的其他事项。

【依据】《经济法基础》第二章第 50 页

5. 【答案】C

【解析】移交人员对所移交的会计凭证、会计账簿、会计报表和其他有关资料的合法性、真实性承担法律责任。接替人员应当认真接管移交工作，并继续办理移交的未了事项。

【依据】《经济法基础》第二章第41页

6. 【答案】C

【解析】银行汇票、银行本票和支票均属于见票即付的"即期票据"，无须提示承兑（选项A、B、D）；对于见票即付的商业汇票，无须提示承兑，只有"远期商业汇票"才需要提示承兑（选项C）。

【依据】《经济法基础》第三章第84页

7. 【答案】D

【解析】出票金额、出票日期、收款人名称不得更改，更改的票据无效；更改的结算凭证，银行不予受理。对票据和结算凭证上的其他记载事项，原记载人可以更改，更改时应当由原记载人在更改处签章证明。

【依据】《经济法基础》第三章第63页

8. 【答案】A

【解析】从量定额征收消费税的有啤酒、黄酒、成品油。选项A正确。

【依据】《经济法基础》第四章第171页

9. 【答案】B

【解析】应税销售额 = （248 400 + 30 000）÷ （1 + 13%）= 246 371.68 （元）。

【依据】《经济法基础》第四章第188页

10. 【答案】D

【解析】以物易物方式销售货物，双方是既买又卖的业务，分别按购销业务处理；以旧换新业务中，只有金银首饰以旧换新，按实际收取的不含增值税的价款计税，其他货物以旧换新均以新货物不含税价计税，不得扣减旧货物的收购价格。现金折扣额不得从销售额中扣减。

【依据】《经济法基础》第四章第138页

11. 【答案】C

【解析】将外购水泥用于基建工程，属于投入生产，不属于销售。

【依据】《经济法基础》第四章第131页

12. 【答案】C

【解析】纳税人将已征车辆购置税的车辆退回车辆生产企业或者销售企业的，可以向主管税务机关申请退还车辆购置税。退税额以已缴税款为基准，自缴纳税款之日至申请退税之日，每满1年扣减10%。甲购买该车满1年不满2年，可得到的退税 = 2 × （1 - 10%）= 1.8 （万元），选项C正确。

【依据】《经济法基础》第四章第189页

13. 【答案】C

【解析】企业购置并实际使用《环境保护专用设备企业所得税优惠目录》《节能节水专用设备企业所得税优惠目录》《安全生产专用设备企业所得税优惠目录》规定的环

境保护、节能节水、安全生产等专用设备的，该专用设备的投资额的 10%（310×10%）可以从企业当年的应纳税额（1 000×25%）中抵免；当年不足抵免的，可以在以后 5 个纳税年度结转抵免。注意此处是在"应纳税额"中抵免，而非"应纳税所得额"。

【依据】《经济法基础》第五章第 222 页

14.【答案】A

【解析】劳务报酬所得强调非雇佣关系而获得的所得，报社记者与报刊存在雇佣关系，所以报社记者在本报刊登文章获得的报酬属于工资、薪金所得。

【依据】《经济法基础》第五章第 231 页

15.【答案】A

【解析】"省级"人民政府、国务院部委和中国人民解放军军以上单位，以及外国组织、国际组织颁发的科学、教育、技术、文化、卫生、体育、环境保护等方面的奖金，免征个人所得税。"县级"人民政府颁发的教育方面的奖金，不属于免税项目。

【依据】《经济法基础》第五章第 257 页

16.【答案】B

【解析】企业事业单位和其他生产经营者在符合国家和地方环境保护标准的设施、场所储存或者处置固体废物的，不属于直接向环境排放污染物，不缴纳相应污染物的环境保护税。纳税人综合利用的固体废物，符合国家和地方环境保护标准的，暂予免征环境保护税。甲企业应纳环境保护税 =（200 − 60 − 100）× 25 = 1 000（元），选项 B 正确。

【依据】《经济法基础》第六章第 316 页

17.【答案】C

【解析】车船税按年申报，分月计算，一次性缴纳，选项 C 不正确。

【依据】《经济法基础》第六章第 305 页

18.【答案】A

【解析】因为铜矿征税对象为原矿或选矿，本题计税依据应为原矿销售额，减除运输费用和装卸、仓储费用。（1）该铜矿当月应税产品销售额 = 600 −（20 + 10）= 570（万元）。（2）该铜矿 3 月份应纳资源税税额 = 570 × 6% = 34.2（万元）。

【依据】《经济法基础》第六章第 312 页

19.【答案】A

【解析】纳税人发现多缴纳税款申请退还有 3 年的期限要求；税务机关发现的多缴税款，《征管法》没有规定多长时间内可以退还，法律没有规定期限的，推定为无限期。纳税人发现多缴税款的，可以向税务机关要求退还多缴的税款并加算银行同期存款利息；税务机关发现的，没有加算银行同期存款利息的规定。

【依据】《经济法基础》第七章第 352 页

20.【答案】D

【解析】失业保险待遇包括：（1）领取失业保险金；（2）领取失业保险金期间享受基本医疗保险待遇；（3）领取失业保险金期间的死亡补助；（4）职业介绍与职业培

训补贴。

【依据】《经济法基础》第八章第 416 页

21.【答案】B

【解析】劳动关系存续期间因拖欠劳动报酬发生争议的，劳动者申请仲裁不受 1 年仲裁时效期间的限制；但是，劳动关系终止的，应当自劳动关系终止之日起 1 年内提出。

【依据】《经济法基础》第八章第 397 页

22.【答案】A

【解析】企业职工因患病或非因工负伤，需要停止工作进行医疗时，根据本人实际参加工作年限和在本单位工作年限，给予 3 个月到 24 个月的医疗期：（1）实际工作年限 10 年以下的，在本单位工作年限 5 年以下的为 3 个月；5 年以上的为 6 个月。（2）实际工作年限 10 年以上的，在本单位工作年限 5 年以下的为 6 个月；5 年以上 10 年以下的为 9 个月；10 年以上 15 年以下的为 12 个月；15 年以上 20 年以下的为 18 个月；20 年以上的为 24 个月。

【依据】《经济法基础》第八章第 409 页

23.【答案】C

【解析】劳动行政部门自收到集体合同文本之日起 15 日内未提出异议的，集体合同即行生效。

【依据】《经济法基础》第八章第 392 页

二、多项选择题

1.【答案】ABC

【解析】选项 A 属于法律主体中的法人；选项 B 属于法律主体中的自然人；选项 C 属于法律主体中的国家；选项 D 属于法律关系的客体。

【依据】《经济法基础》第一章第 17 页

2.【答案】BD

【解析】原始凭证的内容必须具备：（1）凭证的名称；（2）填制凭证的日期；（3）填制凭证单位名称或者填制人姓名；（4）经办人员的签名或者盖章；（5）接受凭证单位名称；（6）经济业务内容；（7）数量、单价和金额。选项 A，属于记账凭证的内容。

【依据】《经济法基础》第二章第 33 页

3.【答案】AB

【解析】票据和汇兑是我国经济活动中不可或缺的重要支付工具，被广大单位和个人广泛使用，并在大额支付中占据主导地位；银行卡、第三方支付，在小额支付中占据主导地位。

【依据】《经济法基础》第三章第 62 页

4.【答案】ABCD

【解析】以上选项全都属于增值税免税项目。

【依据】《经济法基础》第四章第 150 ~ 151 页

5.【答案】BC

【解析】劳务报酬所得以收入减除 20% 的费用后的余额为收入额，选项 A 错误；特许权使用费以收入减除 20% 的费用后的余额为收入额，选项 D 错误。

【依据】《经济法基础》第五章第 246 页

6.【答案】CD

【解析】选项 A，商用货车以"整备质量吨位数"为计税依据；选项 B，机动船舶以"净吨位数"为计税依据；选项 C、D，摩托车、商用客车以"辆数"为计税依据。

【依据】《经济法基础》第六章第 302 页

7.【答案】BCD

【解析】免征环境保护税的情形包括：农业生产（不包括规模化养殖）排放应税污染物的（选项 A 不正确）；机动车、铁路机车、非道路移动机械、船舶和航空器等流动污染源排放应税污染物的（选项 B、D 正确）；依法设立的城乡污水集中处理、生活垃圾集中处理场所排放相应应税污染物，不超过国家和地方规定的排放标准的（选项 C 正确）；纳税人综合利用的固体废物，符合国家和地方环境保护标准的。

【依据】《经济法基础》第六章第 316 页

8.【答案】ACD

【解析】选项 B，发票包括纸质发票和电子发票。电子发票与纸质发票具有同等法律效力。国家积极推广使用电子发票。

【依据】《经济法基础》第七章第 338 ~ 339 页

9.【答案】AB

【解析】行政复议期间行政行为不停止执行，但有下列情形之一的，应当停止执行：（1）被申请人认为需要停止执行的；（2）复议机关认为需要停止执行的；（3）申请人、第三人申请停止执行，复议机关认为其要求合理，决定停止执行的；（4）法律、法规、规章规定停止执行的。

【依据】《经济法基础》第七章第 362 页

10.【答案】BD

【解析】以欺诈、伪造证明材料或者其他手段骗取社会保险待遇的，由社会保险行政部门责令退回骗取的社会保险金，处骗取金额 2 倍以上 5 倍以下的罚款。注意是"罚款"，并非"罚金"。

【依据】《经济法基础》第八章第 420 页

三、判断题

1.【答案】×

【解析】法人清算后的剩余财产，按照法人章程的规定或者法人权力机构的决议处理。法律另有规定的，依照其规定。

【依据】《经济法基础》第一章第 19 页

2. 【答案】√

【解析】自然人在出生之前也可以成为特殊法律关系的主体，如：涉及遗产继承、接受赠与等胎儿利益保护的，胎儿视为具有民事权利能力。但是，胎儿娩出时为死体的，其民事权利能力自始不存在。

【依据】《经济法基础》第一章第 17 页

3. 【答案】√

【解析】会计机构负责人（会计主管人员）应具备会计师以上专业技术职务资格或从事会计工作 3 年以上。

【依据】《经济法基础》第二章第 53 页

4. 【答案】√

【解析】委托收款背书是背书人委托被背书人行使票据权利的背书。委托收款背书的被背书人有权代背书人行使被委托的票据权利。但是，被背书人不得再以背书转让票据权利。

【依据】《经济法基础》第三章第 79 页

5. 【答案】×

【解析】增值税小规模纳税人，月销售额不超过 10 万元的，按照规定免征增值税，不是日销售额。

【依据】《经济法基础》第四章第 151 页

6. 【答案】×

【解析】未能在当年税前扣除的以前年度损失，准予追补至该项损失发生年度扣除，其追补确认期限一般不得超过 5 年。

【依据】《经济法基础》第五章第 216 页

7. 【答案】×

【解析】对于一方出地，一方出资金，双方合作建房，建成后按比例分房自用的，暂免征收土地增值税；建成后转让的，应征收土地增值税。

【依据】《经济法基础》第六章第 280 页

8. 【答案】×

【解析】财产所有权人将财产赠与政府、学校、社会福利机构、慈善组织书立的产权转移书据，免征印花税。

【依据】《经济法基础》第六章第 325 页

9. 【答案】√

【解析】纳税人对征税行为不服的，应当先向复议机关申请行政复议，对行政复议决定不服的，可以向人民法院提起行政诉讼。

【依据】《经济法基础》第七章第 361 页

10. 【答案】√

【解析】本题表述正确。

【依据】《经济法基础》第八章第 408 页

四、不定项选择题

【第 1 题】

1.【答案】B

【解析】从事生产经营的纳税人领取营业执照的，应当自领取营业执照之日起 30 日内申报税务登记。

【依据】《经济法基础》第七章第 334 页

2.【答案】ABC

【解析】选项 D，保证人是票据出票后通过保证行为加入票据关系中的非基本当事人。

【依据】《经济法基础》第三章第 78 页

3.【答案】BD

【解析】选项 A、B，票据当事人在票据上记载"不得转让"字样属于任意记载事项，其记载与否不影响票据的效力。选项 C、D，出票人在票据上记载"不得转让"字样，票据不得转让。背书人背书时记载"不得转让"字样或类似的文句，其后手再背书转让的（没有不得转让之限制），原背书人对后手的被背书人不承担保证责任。

【依据】《经济法基础》第三章第 79 页

4.【答案】A

【解析】支票的提示付款期限自出票日起 10 日。

【依据】《经济法基础》第三章第 99 页

【第 2 题】

1.【答案】ABCD

【解析】进口货物的关税计税价格以成交价格以及该货物运抵中华人民共和国境内输入地点起卸前的运输及其相关费用、保险费为基础确定。由买方负担的包装材料费用和包装劳务费用也应计入关税计税价格。

【依据】《经济法基础》第四章第 191 页

2.【答案】B

【解析】进口环节应纳消费税 =（关税计税价格 + 关税）÷（1 − 消费税比例税率）× 消费税比例税率 =（200 + 10 + 20 + 5）×（1 + 10%）÷（1 − 15%）× 15% = 45.62（万元）。

【依据】《经济法基础》第四章第 179 页

3.【答案】B

【解析】受托方应代收代缴消费税 =（材料成本 + 加工费）÷（1 − 消费税税率）× 消费税税率 =（84 + 30）÷（1 − 15%）× 15% = 20.12（万元）。

【依据】《经济法基础》第四章第 178 页

4.【答案】C

【解析】包装费中含有增值税销项税额，应首先作价税分离，所以应缴纳消费税税额应为 ［700 + 5.85 ÷（1 + 13%）］× 15% = 105.78（万元）。

【依据】《经济法基础》第四章第 175 页

【第 3 题】

1. 【答案】D

【解析】根据税法规定，销售商品收入、提供劳务收入、出租设备收入属于征税收入，国债利息收入属于免税收入。

【依据】《经济法基础》第五章第 217 页

2. 【答案】BCD

【解析】根据税法规定，企业经营活动中发生的合理的违约金、诉讼费可以税前扣除，选项 A 未按期交货的赔偿可以税前扣除。赞助支出、税收滞纳金和被没收财物的损失不能税前扣除。

【依据】《经济法基础》第五章第 210 页

3. 【答案】A

【解析】蓝天公司的应税收入为 1 230 万元（1 000 + 200 + 30），可以税前扣除的成本费用损失是 520 万元（500 + 20），所以蓝天公司的应纳税所得额是 710 万元。

【依据】《经济法基础》第五章第 201 页

4. 【答案】AC

【解析】蓝天公司应当自 2024 年度终了之日起 5 个月内，向税务机关报送年度企业所得税申报表，并汇算清缴，选项 B 说法不正确。蓝天公司应当于每月终了之日起 15 日内，向税务机关预缴企业所得税，选项 D 说法不正确。

【依据】《经济法基础》第五章第 228 页

2025 年度初级资格考试
《经济法基础》全真模拟试题（七）
答案速查、参考答案及解析

答案速查

一、单项选择题

1. B	2. C	3. A	4. A	5. B	6. A	7. B	8. C
9. D	10. A	11. D	12. B	13. C	14. C	15. D	16. C
17. A	18. C	19. C	20. A	21. A	22. A	23. B	

二、多项选择题

1. ABC	2. ABCD	3. ABCD	4. BC	5. BC
6. BCD	7. BCD	8. BCD	9. ABD	10. ABD

三、判断题

1. ×	2. √	3. √	4. ×	5. ×
6. ×	7. ×	8. ×	9. √	10. ×

四、不定项选择题

第1题	1. CD	2. D	3. A	4. D
第2题	1. AC	2. B	3. ABD	4. BCD
第3题	1. B	2. C	3. A	4. D

参考答案及解析

一、单项选择题

1.【答案】B

【解析】根据授权制定的法规与法律规定不一致时，由全国人大常委会裁决。

【依据】《经济法基础》第一章第11页

2.【答案】C

【解析】单方行为是指由法律主体一方的意思表示即可成立的法律行为，如遗嘱、行政命令等；多方行为是指由两个或两个以上的多方法律主体意思表示一致而成立的法律行为，如合同行为等。

【依据】《经济法基础》第一章第15页

3.【答案】A

【解析】该企业的违法行为属于伪造会计凭证与会计账簿行为，而非变造。伪造会计资料是以虚假经济业务为前提，编制会计凭证、会计账簿。变造会计资料是指用涂改、挖补等手段来改变会计凭证、会计账簿的真实内容，以歪曲事实真相。

【依据】《经济法基础》第二章第31页

4.【答案】A

【解析】选项B，支票可以背书转让。选项C，支票的提示付款期限应该为出票日起10日。选项D，支票的出票人账户金额不足的，应该按照签发空头支票处理，银行不垫款。

【依据】《经济法基础》第三章第99页

5.【答案】B

【解析】这个属于部分背书。部分背书是指将票据金额的一部分转让的背书或者将票据金额分别转让给两人以上的背书，部分背书属于无效背书。

【依据】《经济法基础》第三章第79页

6.【答案】A

【解析】单张记名预付卡资金限额不得超过5 000元，单张不记名预付卡资金限额不得超过1 000元。

【依据】《经济法基础》第三章第112页

7.【答案】B

【解析】自2023年1月1日至2027年12月31日，对月销额10万元以下（含本数）的增值税小规模纳税人，免征增值税。

【依据】《经济法基础》第四章第151页

8.【答案】C

【解析】销售额是指纳税人发生应税销售行为向购买方收取的全部价款和价外费用，本题中另外收取延期付款利息 2 260 元属于价外费用，应并入销售额一并计征增值税，但价外费用属于含税价款，应当将其换算成不含增值税的价款，即 2 260 ÷（1 + 13%）= 2 000（元）。增值税专用发票上注明的价款为不含税价款，所以当月的销项税额 =（30 000 + 2 000）× 13% = 4 160（元）。

【依据】《经济法基础》第四章第 136 页

9.【答案】D

【解析】应税销售行为的购买方为消费者个人，不得开具增值税专用发票，所以选项 A、C 错误。选项 B，商业企业一般纳税人零售烟酒、食品、服装、鞋帽（不包括劳保专用部分）、化妆品等消费品的，不得开具增值税专用发票。

【依据】《经济法基础》第四章第 161 页

10.【答案】A

【解析】增值税扣税凭证包括增值税专用发票、海关进口增值税专用缴款书、农产品收购发票和农产品销售发票以及税收缴款凭证。

【依据】《经济法基础》第四章第 141 页

11.【答案】D

【解析】金银铂钻零售环节单环节征收消费税，选项 D 正确。

【依据】《经济法基础》第四章第 167 页

12.【答案】B

【解析】根据企业所得税法律规定，企业发生的职工教育经费支出，不超过工资、薪金总额 8% 的部分，准予在计算企业所得税应纳税所得额时扣除；超过部分，准予在以后纳税年度结转扣除。企业发生的合理的工资、薪金支出，准予扣除（选项 A）；企业参加财产保险，按照规定缴纳的保险费，准予扣除（选项 C）；企业发生的合理的劳动保护支出，准予扣除（选项 D）。

【依据】《经济法基础》第五章第 205、208、209 页

13.【答案】C

【解析】企业发生的符合条件的广告费和业务宣传费支出，除国务院财政、税务主管部门另有规定外，不超过当年销售（营业）收入 15% 的部分，准予扣除；超过部分，准予在以后纳税年度结转扣除。扣除限额 = 300 × 15% = 45（万元），待扣金额 = 40（当年发生额）+ 6（上年结转额）= 46（万元），46 万元 > 45 万元，允许扣除 45 万元，超过限额的 1 万元可以继续结转到以后年度根据规定进行扣除。

【依据】《经济法基础》第五章第 208 页

14.【答案】C

【解析】根据规定，个人领取原提存的住房公积金、基本医疗保险金、基本养老保险金，以及失业保险金，免予征收个人所得税。

【依据】《经济法基础》第五章第 259 页

15.【答案】D

【解析】该公司自用厂房计算房产税，应从价计征，以房产余值为计税依据，即依照房产原值一次减除 10% ~ 30% 后的余值计算缴纳。房产原值不扣减折旧额，选项 C 不正确。选项 A 以折旧额计算不正确。选项 B 直接以原值计算也不正确。

【依据】《经济法基础》第六章第 269 页

16.【答案】C

【解析】转让国有土地使用权并取得收入的行为（选项 C）属于土地增值税的征税范围，应该缴纳土地增值税。以继承（选项 A）、赠与方式无偿转让房地产的行为，以及房地产出租（选项 D）、抵押（选项 B）等未转让房产产权、土地使用权的行为，不属于土地增值税的征税范围。

【依据】《经济法基础》第六章第 279 页

17.【答案】A

【解析】夫妻因离婚分割共同财产发生土地、房屋权属变更的；城镇职工按规定第一次购买公有住房的，这两种情形属于临时减免税情形。法定继承人通过继承承受土地、房屋权属属于免征契税的情形。因土地、房屋被县级以上人民政府征收、征用，重新承受土地、房屋权属，这种情形属于地方酌定减免税情形，选项 A 正确。

【依据】《经济法基础》第六章第 275 ~ 277 页

18.【答案】C

【解析】根据规定，立合同人（选项 C）为印花税的纳税人，该立合同人不包括合同的担保人、证人、鉴定人。

【依据】《经济法基础》第六章第 318 页

19.【答案】C

【解析】选项 A、B、D，征税主体税款征收权包括依法计征权、核定税款权、税收保全和强制执行权、追征税款权；选项 C，属于征税主体的其他职权。

【依据】《经济法基础》第七章第 331 ~ 332 页

20.【答案】A

【解析】检举税收违法行为是检举人的自愿行为，检举人因检举而产生的支出应当由其自行承担，选项 A 错误。

【依据】《经济法基础》第七章第 357 页

21.【答案】A

【解析】用人单位违反《劳动合同法》有关建立职工名册规定的，由劳动行政部门责令限期改正；逾期不改正的，由劳动行政部门处 2 000 元以上 2 万元以下的罚款。

【依据】《经济法基础》第八章第 400 页

22.【答案】A

【解析】劳动合同必备条款包括：（1）用人单位的名称、住所和法定代表人或者主要负责人；（2）劳动者的姓名、住址和居民身份证或者其他有效身份证件的号码；（3）劳动合同期限；（4）工作内容和工作地点；（5）工作时间和休息休假；（6）劳动报酬；（7）社会保险；（8）劳动保护、劳动条件和职业危害防护；（9）法律、法规规定应当纳入劳动合同的其他事项。

【依据】《经济法基础》第八章第 378 页

23.【答案】B

【解析】经济补偿按劳动者在本单位工作的年限，以每满 1 年支付 1 个月工资的标准向劳动者支付。6 个月以上不满 1 年的，按 1 年计算；不满 6 个月的，向劳动者支付半个月工资的经济补偿。劳动者月工资高于当地职工月平均工资 3 倍的，应按照当地职工月平均工资 3 倍计算。吴某在甲公司工作不满 6 个月，且月收入高于当地职工月平均工资的 3 倍。甲公司应支付给吴某经济补偿金：4 000 × 3 ÷ 2 = 6 000（元）。

【依据】《经济法基础》第八章第 390 页

二、多项选择题

1.【答案】ABC

【解析】法人分为营利法人（选项 C）、非营利法人（选项 A）和特别法人（选项 B）。选项 D，非法人组织包括个人独资企业、合伙企业、不具有法人资格的专业服务机构等。

【依据】《经济法基础》第一章第 17 页

2.【答案】ABCD

【解析】商业汇票的持票人向银行办理贴现必须具备的条件有：（1）票据未到期（选项 A）；（2）票据未记载"不得转让"事项（选项 D）；（3）持票人是在银行开立存款账户的企业法人以及其他组织（选项 C）；（4）持票人与出票人或者直接前手之间具有真实的商品交易关系（选项 B）。

【依据】《经济法基础》第三章第 93 页

3.【答案】ABCD

【解析】电子商业汇票贴现必须记载：贴出人名称；贴入人名称；贴现日期；贴现类型；贴现利率；实付金额；贴出人签章。

【依据】《经济法基础》第三章第 93 页

4.【答案】BC

【解析】选项 B，销售自己使用过的物品，是指其他个人自己使用过的物品。选项 C，外国政府、国际组织无偿援助的进口物资和设备免税，国际友人赠送的物资不属于免税项目。

【依据】《经济法基础》第四章第 149 页

5.【答案】BC

【解析】选项 A，个人转让新三板挂牌公司原始股取得的所得，按照"财产转让所得"，适用 20% 的比例税率征收个人所得税；选项 B，离退休人员除按规定领取离退休工资或养老金外，另从原任职单位取得的各类补贴、奖金、实物，不属于免税的退休工资、离休工资、离休生活补助费，应在减除费用扣除标准后，按"工资、薪金所得"应税项目缴纳个人所得税；选项 C，出租车驾驶员采取单车承包方式运营取得的客运收入，按"工资、薪金所得"计征个人所得税；选项 D，出租汽车经营单位将出租车所有权转移给驾驶员的，出租车驾驶员从事客货运营取得的收入比照"经营所得"项目计税。

【依据】《经济法基础》第五章第 250、254 页

6.【答案】BCD

【解析】房屋转租收入，按"财产租赁所得"项目计算缴纳个人所得税。

【依据】《经济法基础》第五章第 232 页

7.【答案】BCD

【解析】选项 B，纳税人对原有房屋进行改建、扩建的，应增加房屋的原值；选项 C、D，凡以房屋为载体，不可随意移动的附属设备和配套设施，如给排水、采暖、消防、中央空调、电气及智能化楼宇设备等，无论在会计核算中是否单独记账与核算，都应计入房产原值，计征房产税；对于附属设备和配套设施中易损坏、需要经常更换的零配件，更新后不再计入房产原值。

【依据】《经济法基础》第六章第 267 页

8.【答案】BCD

【解析】对未按照规定办理税务登记的从事生产、经营的纳税人，以及临时从事经营的纳税人，税务机关核定其应纳税额，责令其缴纳应纳税款；纳税人不缴纳的，税务机关可以扣押其价值相当于应纳税款的商品、货物。选项 B、C、D 错误。

【依据】《经济法基础》第七章第 347 页

9.【答案】ABD

【解析】纳税人、扣缴义务人按照规定的期限办理纳税申报或者报送"代扣代缴、代收代缴税款报告表"确有困难，需要延期的，应当在规定的期限内向税务机关提出书面延期申请，经税务机关核准，在核准的期限内办理。纳税人、扣缴义务人因不可抗力，不能按期办理纳税申报或者报送"代扣代缴、代收代缴税款报告表"的，可以延期办理；但是，应当在不可抗力情形消除后立即向税务机关报告。

【依据】《经济法基础》第七章第 342 页

10.【答案】ABD

【解析】要享受基本医疗保险待遇一般要符合以下条件：（1）参保人员必须到基本医疗保险的定点医疗机构就医、购药或到定点零售药店购买药品。（2）参保人员在看病就医过程中所发生的医疗费用必须符合基本医疗保险药品目录、诊疗项目、医疗服务设施标准的范围和给付标准。

【依据】《经济法基础》第八章第 408 页

三、判断题

1.【答案】×

【解析】附加刑可以同主刑一起使用，还可以单独使用。

【依据】《经济法基础》第一章第 27 页

2. 【答案】√

【解析】拘役是剥夺犯罪分子短期的人身自由，就近拘禁并强制劳动的刑罚，期限为 1 个月以上 6 个月以下。

【依据】《经济法基础》第一章第 27 页

3. 【答案】√

【解析】题干表述正确。

【依据】《经济法基础》第二章第 34 页

4. 【答案】×

【解析】银行没有为存款人垫付资金的义务。

【依据】《经济法基础》第三章第 62 页

5. 【答案】×

【解析】对酒类生产企业销售酒类产品而收取的包装物押金，无论押金是否返还及会计上如何核算，均应并入酒类产品销售额，征收消费税。

【依据】《经济法基础》第四章第 174 页

6. 【答案】×

【解析】退休人员再任职取得的收入，在减除按个人所得税法规定的费用扣除标准后，按“工资、薪金所得”应税项目缴纳个人所得税。

【依据】《经济法基础》第五章第 250 页

7. 【答案】×

【解析】等价互换房屋土地权属的免征契税，互换价格不等时，由多交付货币、实物、无形资产或者其他经济利益的一方缴纳契税。

【依据】《经济法基础》第六章第 273 页

8. 【答案】×

【解析】对免税单位无偿使用纳税单位的土地，免征城镇土地使用税；对纳税单位无偿使用免税单位的土地，纳税单位应照章缴纳城镇土地使用税。

【依据】《经济法基础》第六章第 291 页

9. 【答案】√

【解析】任何单位和个人应当按照发票管理规定使用发票，不得有下列行为：（1）转借、转让、介绍他人转让发票、发票监制章和发票防伪专用品。（2）知道或者应当知道是私自印制、伪造、变造、非法取得或者废止的发票而受让、开具、存放、携带、邮寄、运输。（3）拆本使用发票。（4）扩大发票使用范围。（5）以其他凭证代替发票使用。（6）窃取、截留、篡改、出售、泄露发票数据。

【依据】《经济法基础》第七章第 340 页

10. 【答案】×

【解析】失业人员失业前用人单位和本人累计缴费满 1 年不足 5 年的，领取失业保险金的期限最长为 12 个月；累计缴费满 5 年不足 10 年的，领取失业保险金的期限最长为 18 个月；累计缴费 10 年以上的，领取失业保险金的期限最长为 24 个月。

【依据】《经济法基础》第八章第 416 页

四、不定项选择题

【第 1 题】

1.【答案】CD

【解析】选项 C、D，接受捐赠收入和债务重组收益，不属于销售（营业）收入，属于其他收入。

【依据】《经济法基础》第五章第 201 页

2.【答案】D

【解析】企业发生的与生产经营活动有关的业务招待费支出，按照发生额的 60% 扣除，但最高不得超过当年销售（营业）收入的 5‰。选项 D，当年实现产品销售收入 1 200 万元、视同销售收入 400 万元为计算业务招待费扣除限额的基数。（1 200 + 400）× 5‰ = 8（万元）< 20 × 60% = 12（万元）。

【依据】《经济法基础》第五章第 207 页

3.【答案】A

【解析】应纳税所得额 = 收入总额 – 不征税收入 – 免税收入 – 各项扣除 – 以前年度亏损。选项 A，1 200（销售收入）+ 400（视同销售收入）+ 100（接受捐赠收入）+ 100（债务重组收益）– 1 500（发生的成本费用总额）+（20 – 8）（业务招待费调增额）= 312（万元）。

【依据】《经济法基础》第五章第 201 页

4.【答案】D

【解析】应纳税额 = 应纳税所得额 × 适用税率 – 减免税额 – 抵免税额 = 312 × 25% = 78（万元）

【依据】《经济法基础》第五章第 216 页

【第 2 题】

1.【答案】AC

【解析】选项 A，支付机构为客户开立支付账户的，应当对客户实行实名制管理。选项 B，支付机构为单位开立支付账户，应当自主或者委托合作机构以面对面的方式核实客户身份，或者以非面对面方式通过至少 3 个合法安全的外部渠道对单位基本信息进行多重交叉验证。选项 C，支付机构可以采取面对面、视频等方式向单位法定代表人或负责人核实开户意愿，具体方式由支付机构根据客户风险评级情况确定。选项 D，在与客户业务关系存续期间采取持续的身份识别措施，确保有效核实客户身份及其真实意愿，不得开立匿名、假名支付账户。

【依据】《经济法基础》第三章第 110 页

2.【答案】B

【解析】支付机构可以为个人客户开立Ⅰ类、Ⅱ类、Ⅲ类支付账户。以非面对面方式通过至少一个合法安全的外部渠道进行身份基本信息验证，且首次在该支付机构开立支付账户的个人客户，可以开立Ⅰ类支付账户。自主或委托合作机构以面对面方式核实身份的个人客户或者以非面对面方式通过至少三个合法安全的外部渠道进行身份基本信息多重交叉验证的个人客户，可以开立Ⅱ类支付账户。以面对面方式核实身份的个人客户或者以非面对面方式通过至少五个合法安全的外部渠道进行身份基本信息多重交叉验证的个人客户，可以开立Ⅲ类支付账户。题目中以非面对面方式通过至少三个合法安全的外部渠道进行身份基本信息多重交叉验证且李某非首次在该支付机构开立支付账户，故只能开立Ⅱ类支付账户。

【依据】《经济法基础》第三章第 110 页

3.【答案】ABD

【解析】支付机构只能为李某个人开立Ⅱ类支付账户，账户余额可用于消费和转账，所有支付账户的余额付款交易年累计不超过 10 万元（不包括支付账户向客户本人同名银行账户转账）。

【依据】《经济法基础》第三章第 110 页

4.【答案】BCD

【解析】选项 A，除单笔金额不超过 200 元的小额支付业务，公共事业缴费、税费缴纳、信用卡还款等收款人固定并且定期发生的支付业务，支付机构不得代替银行进行交易验证。选项 B，银行应当事先或在首笔交易时自主识别客户身份并与客户直接签订授权协议，明确约定扣款适用范围和交易验证方式，设立与客户风险承受能力相匹配的单笔和单日累计交易限额，承诺无条件全额承担此类交易的风险损失先行赔付责任。选项 C，支付机构向客户开户银行发送支付指令，扣划客户银行账户资金的，应当事先或在首笔交易时自主识别客户身份并分别取得客户和银行的协议授权，同意其向客户的银行账户发起支付指令扣划资金。选项 D，支付机构应履行客户信息保护责任，不得存储客户银行卡的磁道信息或芯片信息、验证码、密码等敏感信息，原则上不得存储银行卡有效期。

【依据】《经济法基础》第三章第 110 页

【第 3 题】

1.【答案】B

【解析】纳税人采取以旧换新方式销售货物的，应按新货物的同期销售价格确定销售额，不得扣减旧货物的收购价格。该企业业务（1）应确认的增值税销项税额 = 400 × 13% + 100 × 1.13 ÷ (1 + 13%) × 13% = 65（万元）。

【依据】《经济法基础》第四章第 138 页

2.【答案】C

【解析】纳税人采取预收货款方式销售货物的，其增值税纳税义务发生时间为货物发出的当天；纳税人提供有形动产租赁服务采取预收款方式的，其增值税纳税义务发生时间为收到预收款的当天。该企业业务（2）应确认的增值税销项税额 = 15 × 2 × 13% = 3.9（万元）。

【依据】《经济法基础》第四章第 155 页

3. 【答案】A

【解析】一般纳税人当期购进的货物或应税劳务用于生产经营，其进项税额在当期销项税额中予以抵扣，[19.5（购进货物）+5×9%（运费）+20×6%（接受服务）]。但已抵扣进项税额的购进货物或应税劳务如果事后改变用途，用于集体福利或者个人消费、购进货物发生非正常损失、在产品或产成品发生非正常损失等，应当将该项购进货物或者应税劳务的进项税额从当期的进项税额中扣减，该企业当月应转出进项税额（服装被盗）=（24−4）×13%+4×9%=2.96（万元）。该企业当月准予抵扣的进项税额=19.5+5×9%+20×6%−2.96=18.19（万元）。

【依据】《经济法基础》第四章第143页

4. 【答案】D

【解析】该企业当月应缴纳增值税=65（业务1）+3.9（业务2）−18.19（进项税额）=50.71（万元）。

【依据】《经济法基础》第四章第136页

2025 年度初级资格考试
《经济法基础》全真模拟试题（八）
答案速查、参考答案及解析

答案速查

一、单项选择题

1. C	2. C	3. D	4. A	5. C	6. D	7. B	8. A
9. A	10. C	11. C	12. D	13. C	14. C	15. C	16. D
17. D	18. D	19. D	20. B	21. A	22. A	23. D	

二、多项选择题

1. ABCD	2. AD	3. BCD	4. ABCD	5. AC
6. ABCD	7. BC	8. AD	9. ABCD	10. AB

三、判断题

1. √	2. ×	3. ×	4. √	5. √
6. ×	7. ×	8. √	9. ×	10. ×

四、不定项选择题

第1题	1. CD	2. ABCD	3. BC	4. BD
第2题	1. ABCD	2. ABD	3. A	4. A
第3题	1. BC	2. B	3. D	4. B

参考答案及解析

一、单项选择题

1.【答案】C

【解析】管制，是对犯罪分子不实行关押，但是限制其一定的自由，交由公安机关管束和监督的刑罚方法。期限为 3 个月以上 2 年以下。

【依据】《经济法基础》第一章第 27 页

2.【答案】C

【解析】本题考核法律主体的民事权利能力。根据规定，自然人从出生时起到死亡时止，具有民事权利能力，依法享有民事权利，承担民事义务。机器人不是自然人，没有民事权利能力。

【依据】《经济法基础》第一章第 23 页

3.【答案】D

【解析】负债的增减，包括短期借款、应付票据、应付账款、预收账款、合同负债、应付利息、应付股利、其他应付款、应付职工薪酬、应交税费、长期借款、应付债券、长期应付款等的取得、出具、发生、发行、计提、偿还、支付、转销等。故选项 D 不正确。

【依据】《经济法基础》第二章第 32 页

4.【答案】A

【解析】选项 A，年度终了，要把各账户的"余额"结转到下一会计年度，并在摘要栏注明"结转下年"字样。

【依据】《经济法基础》第二章第 38 页

5.【答案】C

【解析】有下列情形之一的，存款人应向开户银行提出撤销银行结算账户的申请：（1）被撤并、解散、宣告破产或关闭的；（2）注销、被吊销营业执照的；（3）因迁址需要变更开户银行的；（4）其他原因需要撤销银行结算账户的。

【依据】《经济法基础》第三章第 67 页

6.【答案】D

【解析】非基本当事人是指在票据作成并交付后，通过一定的票据行为加入票据关系而享有一定权利、承担一定义务的当事人，包括承兑人、背书人、被背书人、保证人等。

【依据】《经济法基础》第三章第 78 页

7.【答案】B

【解析】从价定率计征消费税的，计算公式为：应纳税额 = 销售额 × 比例税率。销售额是指为纳税人销售应税消费品向购买方收取的全部价款和价外费用，不包括应向购买方收取的增值税税款。本题中，销售果木酒的同时收取的包装物租金和优质费属于消费税的价外费用，应在价税分离后并入销售额征收消费税。应纳税额 = [10 + (0.565 + 2.26) ÷ (1 + 13%)] × 10% = 1.25（万元）。所以选项 B 正确。

【依据】《经济法基础》第四章第 173 页

8.【答案】A

【解析】销售电脑的销项税额 = 4 300 × 100 × 13% = 55 900（元）；收取运费的销项税额 = 1 500 × 9% = 135（元），该笔业务应纳销项税额 = 135 + 55 900 = 56 035（元）。

【依据】《经济法基础》第四章第 175 页

9.【答案】A

【解析】购进农产品，取得农产品销售发票或收购发票的，以发票上注明的买价和9% 的扣除率计算进项税额。无偿赠送属于视同销售，故可以计算抵扣进项税额。

【依据】《经济法基础》第四章第 131、141 页

10.【答案】C

【解析】对进口货物或者境外单位和个人向境内销售劳务、服务、无形资产缴纳的增值税、消费税税额，不征收城市维护建设税。因此，甲公司当月应缴纳城市维护建设税税额 = (100 + 20) × 7% = 8.4（万元）。

【依据】《经济法基础》第四章第 185 页

11.【答案】C

【解析】境外所得的抵免限额 = 100 × 25% = 25（万元），大于已在境外缴纳的企业所得税税款 20 万元，境外已纳税额 20 万元可以全额抵免。

【依据】《经济法基础》第五章第 216 页

12.【答案】D

【解析】个人从公开发行和转让市场取得的上市公司股票，持股期限大于 1 个月小于 1 年（含 1 年）的，其股息红利所得暂减按 50% 计入应纳税所得额，选项 A 错误，选项 D 正确。选项 B、C，利息、股息、红利所得没有减除费用的规定。

【依据】《经济法基础》第五章第 251 页

13.【答案】C

【解析】选项 C 为不属于工资、薪金性质的补贴、津贴，不予征收个人所得税。

【依据】《经济法基础》第五章第 231 页

14.【答案】C

【解析】个人转让财产时应纳税所得额的计算公式是应纳税额 = (收入总额 - 财产原值 - 合理费用) × 20%。所以王某应缴纳的个税 = (1 000 - 100 - 20) × 20% = 176（万元）。

【依据】《经济法基础》第五章第 248 页

15.【答案】C

【解析】个人出租住房，不区分用途，按照 4% 的税率缴纳房产税。选项 C 不属于房产税的免税项目。

【依据】《经济法基础》第六章第270页

16.【答案】D

【解析】连房带地一块儿卖，成交价格应当既包括厂房及地上附着物的价款，又包括对应土地使用权的价款，但不含增值税。因此，甲公司应缴纳契税＝计税依据×税率＝（3 500＋900）×5%＝220（万元），选项D正确。

【依据】《经济法基础》第六章第274页

17.【答案】D

【解析】对于纳税人在应购买"交强险"截止日期以后购买"交强险"的，或以前年度没有缴纳车船税的，保险机构在代收代缴税款的同时，还应代收代缴欠缴税款的滞纳金。保单中"滞纳金"项目为各年度欠税应加收滞纳金之和。每一年度欠税应加收的滞纳金＝欠税金额×滞纳天数×0.5‰，滞纳天数的计算自应购买"交强险"截止日期的次日起到纳税人购买"交强险"当日止。纳税人连续2年以上欠缴车船税的，应分别计算每一年度欠税应加收的滞纳金。选项D错误。

【依据】《经济法基础》第六章第304页

18.【答案】D

【解析】环境保护税的征税范围是法定的大气污染物、水污染物、固体废物（如尾矿、冶炼渣）和噪声（仅指工业噪声）。

【依据】《经济法基础》第六章第314页

19.【答案】D

【解析】选项A、B、C，纳税人有解散、撤销、破产情形的，在清算前应当向其主管税务机关报告；纳税人合并、分立的，应当向税务机关报告，并依法缴清税款；欠缴税款5万元以上的纳税人在处分其不动产或者大额资产之前，应当向税务机关报告。选项D，纳税人有欠税情形（在先）而以其财产设定抵押、质押的（在后），应当向抵押权人、质权人说明其欠税情况。抵押权人、质权人可以请求税务机关提供有关的欠税情况。

【依据】《经济法基础》第七章第351页

20.【答案】B

【解析】本题考查税收优先原则。选项B当选，纳税人欠缴税款，同时又被行政机关决定处以罚款、没收违法所得的，税收优先于罚款、没收违法所得。

【依据】《经济法基础》第七章第352页

21.【答案】A

【解析】对税务机关作出的征税行为，包括确认纳税主体、征税对象、征税范围、减税、免税、退税、抵扣税款、适用税率、计税依据、纳税环节、纳税期限、纳税地点以及税款征收方式等具体行政行为和征收税款、加收滞纳金及扣缴义务人、受税务机关委托的单位和个人作出的代扣代缴、代收代缴、代征行为等不服的，应当先行政复议，对复议结果不服再提起诉讼。

【依据】《经济法基础》第七章第362页

22.【答案】A

【解析】3 年以上固定期限和无固定期限的劳动合同，试用期不得超过 6 个月。

【依据】《经济法基础》第八章第 381 页

23. 【答案】D

【解析】缴费工资一般为职工本人上一年度月平均工资，但本人月平均工资（4 200 元）低于当地职工月平均工资 60%（8 000 ×60% =4 800）的，按当地职工月平均工资的 60% 作为缴费基数。职工基本养老保险的个人缴费率为 8%，因此本题甲公司每月从张某工资中代扣代缴的基本养老保险费数额 =8 000 ×60% ×8% =384（元）。

【依据】《经济法基础》第八章第 405 页

二、多项选择题

1. 【答案】ABCD

【解析】法人解散是指由于法人章程或者法律规定的事由出现，致使法人不能继续存在，从而停止积极活动，开始整理财产关系的程序。《民法典》规定出现下列情形之一的，法人解散：（1）法人章程规定的存续期间届满或者法人章程规定的其他解散事由出现；（2）法人的权力机构决议解散；（3）因法人合并或者分立需要解散；（4）法人依法被吊销营业执照、登记证书，被责令关闭或者被撤销；（5）法律规定的其他情形。

【依据】《经济法基础》第一章第 19 页

2. 【答案】AD

【解析】伪造、变造会计凭证、会计账簿，编制虚假财务会计报告，隐匿或者故意销毁依法应当保存的会计凭证、会计账簿、财务会计报告的，由县级以上人民政府财政部门责令限期改正，给予警告、通报批评，没收违法所得，违法所得 20 万元以上的，对单位可以并处违法所得 1 倍以上 10 倍以下的罚款，没有违法所得或者违法所得不足 20 万元的，可以并处 20 万元以上 200 万元以下的罚款；对其直接负责的主管人员和其他直接责任人员可以处 10 万元以上 50 万元以下的罚款，情节严重的，可以处 50 万元以上 200 万元以下的罚款；其中的会计人员，5 年内不得从事会计工作。

【依据】《经济法基础》第二章第 57 页

3. 【答案】BCD

【解析】持票人持用于转账的支票向付款人提示付款时，应在支票背面背书人签章栏签章，并将支票和填制的进账单送交出票人开户银行。

【依据】《经济法基础》第三章第 100 页

4. 【答案】ABCD

【解析】根据消费税法律制度的规定，应税消费品的征税环节包括：生产环节（含委托加工）、零售环节、批发环节和进口环节。

【依据】《经济法基础》第四章第 166 ~167 页

5. 【答案】AC

【解析】兼营情形应当分别核算适用不同税率或者征收率的销售额，未分别核算销售额的，按照以下方法适用税率或者征收率：（1）兼有不同税率的应税销售行为，从高适用税率；（2）兼有不同征收率的应税销售行为，从高适用征收率；（3）兼有不同税率和征收率的应税销售行为，从高适用税率。

【依据】《经济法基础》第四章第 138 页

6. 【答案】ABCD

【解析】企业依照国务院有关主管部门或省级人民政府规定的范围和标准为职工缴纳的基本养老保险费、基本医疗保险费、工伤保险费、失业保险费等基本社会保险费，在计算企业所得税应纳税所得额时准予扣除。选项 A、B、C、D 均可扣除。

【依据】《经济法基础》第五章第 205 页

7. 【答案】BC

【解析】对企业取得的 2012 年及以后年度发行的地方政府债券利息收入，免征企业所得税，选项 A 不正确。海水养殖所得，减半征收企业所得税，选项 D 不正确。

【依据】《经济法基础》第五章第 218、223 页

8. 【答案】AD

【解析】选项 A，无息或贴息借款合同免税。选项 D，农民、家庭农场、农民专业合作社、农村集体经济组织、村民委员会购买农业生产资料或者销售农产品书立的买卖合同和农业保险合同，免征印花税。选项 B、C 属于印花税的征税范围。

【依据】《经济法基础》第六章第 325 ~ 327 页

9. 【答案】ABCD

【解析】任何单位和个人应当按照发票管理规定使用发票，不得有下列行为：（1）转借、转让、介绍他人转让发票、发票监制章和发票防伪专用品。（2）知道或者应当知道是私自印制、伪造、变造、非法取得或者废止的发票而受让、开具、存放、携带、邮寄、运输。（3）拆本使用发票。（4）扩大发票使用范围。（5）以其他凭证代替发票使用。（6）窃取、截留、篡改、出售、泄露发票数据。

【依据】《经济法基础》第七章第 340 页

10. 【答案】AB

【解析】无雇工的个体工商户、未在用人单位参加基本养老保险的非全日制从业人员以及其他灵活就业人员可以参加基本养老保险，由个人缴纳基本养老保险费。

【依据】《经济法基础》第八章第 404 页

三、判断题

1. 【答案】√

【解析】经济特区所在地的省、市的人大及其常委会根据全国人大的授权决定，制定法规，在经济特区范围内实施。

【依据】《经济法基础》第一章第 8 页

2. 【答案】×

【解析】自制原始凭证必须有经办单位领导人或者其指定的人员签名或者盖章。

【依据】《经济法基础》第二章第 34 页

3.【答案】×

【解析】会计人员进行会计工作交接时，移交清册一般应填制一式三份，交接双方各执一份、存档一份。

【依据】《经济法基础》第二章第 56 页

4.【答案】√

【解析】票据的伪造，是指无权限假冒他人或虚构他人名义签章的行为，如伪造出票签章、背书签章、承兑签章和保证签章等。

【依据】《经济法基础》第三章第 63 页

5.【答案】√

【解析】票据因火灾灭失，与票据上的权利有利害关系的人是明确的，无须公示催告，可按一般的票据纠纷向人民法院提起诉讼，以丧失票据的人为原告，以承兑人或出票人为被告，请求人民法院判决其向失票人付款。

【依据】《经济法基础》第三章第 84 页

6.【答案】×

【解析】设有两个以上机构并实行统一核算的纳税人，将货物从一个机构移送至其他机构用于销售，作视同销售处理，但相关机构设在同一县（市）的除外。

【依据】《经济法基础》第四章第 131 页

7.【答案】×

【解析】个人须通过非营利的社会团体和国家机关向农村义务教育进行捐赠，才能在计算缴纳个人所得税时在税前的所得额中全额扣除。

【依据】《经济法基础》第五章第 243、244 页

8.【答案】√

【解析】纳税人开采或者生产应税产品自用的，应当依法缴纳资源税，但是自用于连续生产应税产品的，不缴纳资源税。

【依据】《经济法基础》第六章第 308 页

9.【答案】×

【解析】纳税人在纳税期限内没有应纳税款的，也应当按照规定办理纳税申报。

【依据】《经济法基础》第七章第 342 页

10.【答案】×

【解析】劳动合同的变更是对原合同内容的修改、补充或者删减，而不是签订新的劳动合同。

【依据】《经济法基础》第八章第 385 页

四、不定项选择题

【第 1 题】

1.【答案】CD

【解析】（1）选项 A、C，发卡机构接受的、客户用于未来支付需要的预付卡资金，发卡机构不得挪用；发卡机构对客户备付金需 100% 集中交存中国人民银行；（2）选项 B，为他人开具与实际经营业务不符的发票，属于虚开发票的违法行为。

【依据】《经济法基础》第三章第 113 页

2. 【答案】ABCD

【解析】使用实名购买预付卡的，发卡机构应当登记购卡人姓名或单位名称（甲公司名称）、单位经办人姓名（高某）、有效身份证件名称和号码、联系方式、购卡数量、购卡日期、购卡总金额、预付卡卡号及金额等信息。

【依据】《经济法基础》第三章第 112 页

3. 【答案】BC

【解析】（1）选项 A、B、C，单位一次性购买预付卡 5 000 元以上，个人一次性购买预付卡 5 万元以上的，应当通过银行转账等非现金结算方式购买，不得使用现金；（2）选项 D，购卡人不得使用信用卡购买预付卡。

【依据】《经济法基础》第三章第 112 页

4. 【答案】BD

【解析】（1）选项 A，预付卡不能为非本发卡机构发行的预付卡充值，但可以为本发卡机构发行的预付卡充值；（2）选项 B，不得使用信用卡为预付卡充值；（3）选项 C，预付卡只能通过现金或银行转账方式进行充值；（4）选项 D，单张记名预付卡资金限额不得超过 5 000 元，高某本次可充值 5 000 元/张。

【依据】《经济法基础》第三章第 112 页

【第 2 题】

1. 【答案】ABCD

【解析】根据规定适用零税率的国际运输服务的有：（1）在境内载运旅客或者货物出境。（2）在境外载运旅客或者货物入境。（3）在境外载运旅客或者货物。

【依据】《经济法基础》第四章第 134 页

2. 【答案】ABD

【解析】航空运输企业的销售额，不包括代收的机场建设费和代售其他航空运输企业客票而代收转付的价款。

【依据】《经济法基础》第四章第 139 页

3. 【答案】A

【解析】国内旅客运输服务的销售额是取得含增值税的票款收入 9 990 万元，特价机票改签、变更费 520.5 万元，已知交通运输服务增值税税率为 9%，所以选项 A 正确。

【依据】《经济法基础》第四章第 136 页

4. 【答案】A

【解析】将建筑物、构筑物等不动产或者飞机、车辆等有形动产的广告位出租给其他单位或者个人用于发布广告，按照经营租赁服务缴纳增值税。

【依据】《经济法基础》第四章第 129 页

【第 3 题】

1.【答案】BC

【解析】（1）选项 A、C，个体工商户实际支付给从业人员的、合理的工资、薪金支出，准予扣除；但个体工商户业主的工资、薪金支出不得税前扣除。（2）选项 B，个体工商户发生的罚金、罚款和被没收财物的损失不得税前扣除。（3）选项 D，个体工商户发生的合理的劳动保护支出，准予扣除。

【依据】《经济法基础》第五章第 240 页

2.【答案】B

【解析】业务招待费限额 1 = 实际发生额的 60% = 10 000 × 60% = 6 000（元），限额 2 = 当年销售（营业）收入的 5‰ = 2 000 000 × 5‰ = 10 000（元），限额 1 < 限额 2，按照 6 000 元扣除。

【依据】《经济法基础》第五章第 241 页

3.【答案】D

【解析】（1）违规经营产生的罚款 1 000 元、超过限额的业务招待费支出、个体工商户业主的工资、薪金支出，不得税前扣除，应纳税调增，排除选项 A、B；（2）子女教育专项附加扣除标准为 2 000 元/月/个子女，张某有 2 个孩子，选项 C 只扣除了一个子女的专项附加扣除，排除。

【依据】《经济法基础》第五章第 236、240 页

4.【答案】B

【解析】计算财产租赁所得的应纳税额时，允许从每次收入额中减除的项目仅限于（转租除外）：（1）财产租赁过程中缴纳的可以税前扣除的税费；（2）由纳税人负担的租赁财产实际开支的修缮费用（800 元为限）；（3）法定扣除（800 元或者 20%）。财产租赁所得个人所得税税率为 20%，每次收入超过 4 000 元的，减除 20% 的费用，选项 D 并未减除，错误；同时不得扣除水、电、燃气费，选项 A 做了减除，错误；发生修缮费 600 元，在 800 元限额内，所以 600 元修缮费据实减除，排除选项 C。

【依据】《经济法基础》第五章第 247 ~ 248 页